Zahnbehandlungsphobie

Fortschritte der Psychotherapie
Band 42
Zahnbehandlungsphobie
von Prof. Dr. Gudrun Sartory und Dipl.-Psych. André Wannemüller

Herausgeber der Reihe:
Prof. Dr. Dietmar Schulte, Prof. Dr. Kurt Hahlweg,
Prof. Dr. Jürgen Margraf, Prof. Dr. Dieter Vaitl

Begründer der Reihe:
Dietmar Schulte, Klaus Grawe, Kurt Hahlweg, Dieter Vaitl

Zahnbehandlungsphobie

von Gudrun Sartory
und André Wannemüller

HOGREFE  GÖTTINGEN · BERN · WIEN · PARIS · OXFORD · PRAG · TORONTO
CAMBRIDGE, MA · AMSTERDAM · KOPENHAGEN · STOCKHOLM

Prof. Dr. Gudrun Sartory, geb. 1945. 1963–1969 Studium der Psychologie in Wien. 1969 Promotion. 1970–1986 Forschungspsychologin (Lecturer/Senior Lecturer) am Institute of Psychiatry an der Universität London, UK. Seit 1986 Professorin für Klinische Psychologie und Psychotherapie an der Bergischen Universität Wuppertal und Leiterin der Universitätsambulanz. Forschungsschwerpunkte: Angststörungen (insbesondere Zahnbehandlungsphobie und Posttraumatischen Belastungsreaktion), Schizophrenie und Verhaltensmedizin.

Dipl.-Psych. André Wannemüller, geb. 1980. 2000–2006 Studium der Psychologie in Wuppertal. 2009 Approbation zum Psychologischen Psychotherapeuten. Seit 2007 ambulant therapeutische Tätigkeit am Therapiezentrum für Zahnbehandlungsangst an der Zahnklinik Bochum. Referententätigkeit beim Arbeitskreis für Psychologie und Psychosomatik in der DGZMK und der Akademie für Fortbildung der Zahnärztekammer Westfalen-Lippe. Forschungsschwerpunkte: Psychophysiologische Indikatoren der Zahnbehandlungsphobie, Effektivität und Akzeptanz therapeutischer Interventionen bei Zahnbehandlungsphobie.

Wichtiger Hinweis: Der Verlag hat für die Wiedergabe aller in diesem Buch enthaltenen Informationen (Programme, Verfahren, Mengen, Dosierungen, Applikationen etc.) mit Autoren bzw. Herausgebern große Mühe darauf verwandt, diese Angaben genau entsprechend dem Wissensstand bei Fertigstellung des Werkes abzudrucken. Trotz sorgfältiger Manuskriptherstellung und Korrektur des Satzes können Fehler nicht ganz ausgeschlossen werden. Autoren bzw. Herausgeber und Verlag übernehmen infolgedessen keine Verantwortung und keine daraus folgende oder sonstige Haftung, die auf irgendeine Art aus der Benutzung der in dem Werk enthaltenen Informationen oder Teilen davon entsteht. Geschützte Warennamen (Warenzeichen) werden nicht besonders kenntlich gemacht. Aus dem Fehlen eines solchen Hinweises kann also nicht geschlossen werden, dass es sich um einen freien Warennamen handele.

> **Bibliografische Information der Deutschen Nationalbibliothek**
>
> Die Deutsche Nationalbibliothek verzeichnet diese Publikation in der Deutschen Nationalbibliografie; detaillierte bibliografische Daten sind im Internet über http://dnb.d-nb.de abrufbar.

© 2010 Hogrefe Verlag GmbH & Co. KG
Göttingen · Bern · Wien · Paris · Oxford · Prag · Toronto
Cambridge, MA · Amsterdam · Kopenhagen · Stockholm

http://www.hogrefe.de
Aktuelle Informationen · Weitere Titel zum Thema · Ergänzende Materialien

Das Werk einschließlich aller seiner Teile ist urheberrechtlich geschützt. Jede Verwertung außerhalb der engen Grenzen des Urheberrechtsgesetzes ist ohne Zustimmung des Verlags unzulässig und strafbar. Das gilt insbesondere für Vervielfältigungen, Übersetzungen, Mikroverfilmungen und die Einspeicherung und Verarbeitung in elektronischen Systemen.

Satz: Grafik-Design Fischer, Weimar
Druck: AZ Druck und Datentechnik, Kempten
Printed in Germany
Auf säurefreiem Papier gedruckt

ISBN 978-3-8017-2221-0

Inhaltsverzeichnis

Einleitung		1
1	**Beschreibung der Störung**	**4**
1.1	Definition	4
1.2	Diagnostische Kriterien	7
1.3	Epidemiologische Daten	8
1.4	Differenzialdiagnose	11
1.4.1	Andere phobische Störungen	11
1.4.2	Posttraumatische Belastungsstörung	15
1.4.3	Generalisierte Angststörung	15
1.5	Komorbiditäten	18
1.5.1	Psychische Komorbiditäten	18
1.5.2	Somatische Begleit- und Folgeerkrankung der Zahnbehandlungsphobie	19
2	**Störungstheorien, -modelle und Befunde**	**20**
2.1	Störungstheorien und -modelle	20
2.1.1	Klassische und operante Konditionierungsprozesse	21
2.1.2	Modelllernen	23
2.1.3	Semantisches Lernen	23
2.1.4	Persönlichkeitsdispositionen	24
2.2	Befunde	25
2.2.1	Subjektive Angst und dysfunktionale Kognitionen	25
2.2.2	Biologische Reaktionen	26
2.2.3	Vermeidung	29
3	**Diagnostik und Indikation**	**30**
3.1	Diagnostische Verfahren	30
3.2	Indikation und differenzielle Indikation	33
4	**Behandlung**	**35**
4.1	Behandlungseinführung	35
4.2	Darstellung der Therapiemethoden	39
4.2.1	Konfrontationsbehandlung	39
4.2.2	Stressimpfungstraining	45
4.2.3	Kognitive Restrukturierung	50
4.2.4	Hypnose	50
4.2.5	Medikamentöse Behandlung	52

5	**Wirksamkeit psychotherapeutischer Methoden**	54
5.1	Konfrontation	55
5.2	Stressimpfungstraining	56
5.3	Weitere Methoden	57
6	**Beispiel einer standardisierten Behandlung**	60
7	**Weiterführende Literatur**	77
8	**Literatur**	78
9	**Anhang**	82
	Dental Anxiety Scale (DAS)	82
	Dental Cognitions Questionnaire (DCQ)	83
	Iowa Dental Control Index – Revised (IDCI-R)	85
	Hierarchischer Angstfragebogen (HAF)	86

Karten:

Besteht eine behandlungsbedürftige Zahnbehandlungsphobie?

Hilfen bei der individuellen Indikationsentscheidung

Welche Störungen können außer der Phobie zur Vermeidung der Zahnbehandlung führen?

Leitfaden: Kurz-Stressimpfungsstraining

Einleitung

> **Fallbeispiel**
>
> Frau M. ist 34 Jahre alt, verheiratet und Mutter eines zwei Jahre alten Sohnes. Zum Zeitpunkt der Therapieaufnahme lebt die Familie ausschließlich vom Gehalt der Patientin, die als Kundenbetreuerin einer Bank arbeitet, da ihr Mann sich noch in der Endphase seines Studiums befindet. Seit ca. einem halben Jahr leidet Frau M. unter phasenweise auftretenden, teilweise heftigen Zahnschmerzen. In immer kürzeren Abständen nimmt sie deswegen Schmerzmedikamente in steigender Dosierung (aktuell die empfohlene Tageshöchstdosis Tramadol) ein, allerdings ließe sich dadurch zuletzt kaum noch ein schmerzlindernder Effekt erzielen. Sie berichtet ferner, dass sie seit Jahren immer wieder intermittierend unter Zahnschmerzen gelitten habe, jedoch niemals zu einem Zahnarzt gegangen sei. Grund dafür sei ihre panische Angst vor Zahnbehandlungen. Die Ursache dafür sieht Frau M. selbst in einem Erlebnis im Alter von 13 Jahren, als bei ihr erstmals ein kariöser Zahn zu füllen war und sie mit ihrer Mutter den ortsansässigen Zahnarzt aufsuchte: Obwohl sie ihn darauf aufmerksam machte, dass offensichtlich die Lokalanästhesiespritze noch nicht gewirkt habe, da sie an der entsprechenden Stelle immer noch alles fühlen könne, begann der Arzt zu bohren. „Ich konnte nichts mehr sagen, denn mein ganzer Mund war voller Instrumente, aber ich hatte fürchterliche Schmerzen". Nicht in der Lage, sich zu äußern, schlug sie ihm den Bohrer aus der Hand. Der Zahnarzt drohte daraufhin, die Behandlung abzubrechen und Frau M. aus der Praxis hinauszuwerfen, wenn sie von nun an nicht still hielte. Außerdem wies er die Helferin an, den Kopf der Patientin zu fixieren, damit sie nicht mehr herumzapple. „Die ganze Behandlung war die schiere Hölle." Als ihre Eltern Frau M., die sich strikt weigerte, einige Zeit später zum routinemäßigen Zahnarztbesuch zwingen wollten, flüchtete sie aus dem Wartezimmer und widersetzte sich danach all ihren Bemühungen, sie erneut zu einem Zahnarztbesuch zu bewegen. Sie vermied den Gang dorthin anschließend zehn Jahre lang. Erst ein abgebrochener Zahn verursachte letztlich so große Schmerzen, dass sie nach Wochen des Zögerns und unwirksamer Analgetikaeinnahme wieder einen Zahnarzt aufsuchen musste. Frau M. beschreibt, damals bereits im Wartezimmer Herzrasen, Schweißausbrüche und Atemnot verspürt zu haben. Beim Anblick des Zahnbehandlungsstuhls zitterte sie am ganzen Körper und war dort der festen Überzeugung, „die Behandlung auf keinen Fall auszuhalten".

Der Zahnarzt sah sich außerstande den Eingriff vorzunehmen und schlug ihr eine Behandlung unter Vollnarkose vor. Danach vermied die Patientin Zahnbehandlungen für weitere zehn Jahre. Trotz intensiver Zahnpflege und der Anwendung verschiedener Mundwasser habe sich der Zustand ihrer Zähne in dieser Zeit kontinuierlich verschlechtert. Neben den Schmerzen, berichtet Frau M. unter Tränen, habe sie ein Gespräch mit ihrem Chef zum Aufsuchen der Therapieeinrichtung getrieben. Er gab ihr zu verstehen, dass die sichtbaren Zahnschäden und die dadurch entstehende Geruchsentwicklung den Kundenkontakt zu beeinträchtigen begännen und Frau M. in ihren repräsentativen Aufgaben einschränke. Daraufhin fürchtete sie um ihren Arbeitsplatz und den Lebensunterhalt für ihre Familie. Nach einer Internetrecherche vereinbarte sie einen Termin in einer auf Zahnbehandlungsangst spezialisierten Zahnklinik. Frau M. berichtet, bereits zwei Tage vor dem vereinbarten Termin schlecht geschlafen zu haben und sehr aufgeregt gewesen zu sein, weil sie sich große Sorgen darüber gemacht habe, was nun während des Termins auf sie zukomme. Außerdem habe sie Scham empfunden bei dem Gedanken, dass der Zahnarzt den „ruinösen Zustand meiner Zähne" sehen könne und sie deshalb negativ beurteile. Bei der in der Klinik durchgeführten Röntgendiagnostik erwiesen sich insgesamt neun Zähne als dringend behandlungsbedürftig, von denen wahrscheinlich drei unrettbar zerstört sind. Zur Behandlung der Phobie wurde Frau M. von der Zahnklinik in die psychotherapeutische Ambulanz überwiesen.

Die Zahnbehandlungsphobie ist eine stark beeinträchtigende Störung

Zahnbehandlungen lösen bei vielen Menschen Unbehagen aus. Bei Einigen kommt es jedoch, oft aufgrund eines oder mehrerer aversiver Erlebnisse, zu so einer heftigen phobischen Angstreaktion, dass selbst die halbjährige Routineuntersuchung zu einem schier unüberwindbaren Hindernis wird. Betroffene vermeiden Zahnarztbesuche oft jahrzehntelang. Die Fallbeschreibung dieser Patientin ist in vielerlei Hinsicht prototypisch und zeigt die Vielschichtigkeit der Probleme, die im Zusammenhang mit Zahnbehandlungsphobie und dem assoziierten Vermeidungsverhalten auftreten können. Häufig kommt es zu einer Beeinträchtigung der Lebensqualität durch häufige und unbehandelte Zahnschmerzen oder Analgetikaabusus, oftmals der einzige Weg zur Schmerzlinderung. Schwerwiegende und dem Gesundheitssystem sowie den Betroffenen selbst oft hohe Kosten verursachende Folgen für die Zahngesundheit sind häufige Konsequenzen. Ein weiteres Problem stellen sichtbare kosmetische Defizite als Resultat der Zahnschäden dar. Die Beeinträchtigung des äußeren Erscheinungsbildes wird von den Betroffenen meist als peinlich und die sozialen Beziehungen beeinträchtigend erlebt, was manchmal sogar in Rückzugsverhalten oder sozialer Hemmung münden kann. Sie kann außerdem, wie im geschilderten Fallbeispiel, zu ernsten Einschränkungen und Schwierigkeiten bei der Erfüllung beruflicher oder sozialer Aufgaben führen. Neben den Problemen für die von der Phobie Betroffenen, stellt die Behandlung dieser Patientengruppe außerdem den größten Stressfaktor in der Praxisroutine der Zahnärzte dar. Zeitdruck und die oftmals ungenügende oder gänzlich fehlende Ausbildung im Umgang mit Angstpatienten, lassen den Eingriff sowohl für den Patienten als auch für den Behandelnden zu einem kraftraubenden und nervenzehrenden Akt werden. Nicht selten bilden sich auf Seiten der Zahnärzte Ressentiments gegenüber solchen „Problempatienten" aus, wodurch auf Patientenseite Vermeidungsverhalten und phobische Angst aufrechterhalten bzw. zusätzlich gefördert werden.

1 Beschreibung der Störung

1.1 Definition

Geschichte der Zahnbehandlung ist auch Geschichte des Schmerzes und des Kontrollverlusts

Obwohl sich die Zahnmedizin erst im 18. Jahrhundert als eigenständige Disziplin etabliert hat und somit noch ein relativ junges medizinisches Fachgebiet darstellt, kannten schon deren Gründerväter das Problem ängstlicher und dadurch schwierig zu behandelnder Patienten. Bereits damals wurden Ideen zu einer Humanisierung des Behandlungsablaufs entwickelt, die sich zunächst vor allem auf den situativen Kontext bezogen. Die Notwendigkeit solcher Bemühungen wird nachvollziehbar, wenn man sich in die Gemütslage eines Patienten der damaligen Zeit versetzt, der eine Zahnextraktion oder die Inzision eines Abszesses ohne Schmerzausschaltung zu erwarten hatte. So sprach bereits Pierre Fauchard (1678–1771) in seinem Standardwerk *Le chirugien dentiste* (1728) seinen Kollegen die Empfehlung aus, die Patienten während der Behandlung nicht auf dem Boden sitzen zu lassen, sondern auf einem kräftigen und sauberen Stuhl, dessen Rückenlehne mit einem weichen Kopfkissen auszustatten sei, das je nach Größe des zu behandelnden Patienten verstellt werden könne. Außerdem solle der moderne Zahnarzt, anders als die „Zahnreißer" des Mittelalters, die als einfache Ärzte nicht auf Zahnbehandlungen spezialisiert waren, nicht mehr hinter dem Patienten knien oder stehen, sondern ihm gegenübersitzen.

Auch der Appell des französischen Renaissance-Chirurgen Ambroise Paré zu mehr Vorsicht während der Behandlung macht deutlich, welche Torturen die Patienten damals zuweilen erleiden mussten: „*Die Extraktion eines Zahnes sollte nicht mit zu großer Gewalt ausgeführt werden, da man dabei Verrenkungen des Kiefers oder Erschütterungen des Gehirns und der Augen riskiert oder sogar mit dem Zahn Stücke des Kiefers herausreißt, nicht zu reden von anderen ernsten Unglücken, die hinzukommen können, wie zum Beispiel Fieber, Abszesse, starke Blutungen oder sogar der Tod.*" Andererseits empfiehlt er weiter, um Verletzungen des Behandelnden durch wütende und um sich schlagende Patienten vorzubeugen, dass deren Arme und Beine vor Behandlungsbeginn gründlich mit Lederriemen zu fixieren und sie am besten so zu verschnüren seien, dass sie sich nicht mehr bewegen könnten. Solche Schilderungen lassen vermuten, dass es sich bei der Zahnbehandlung und dem damit assoziierten Schmerz- und Kontrollverlusterleben um ein Ereignis handelt, das schon seit jeher eine hohe Virulenz bezüglich der Entwicklung von Angsterkrankungen in sich birgt.

Obwohl den invasiven zahnmedizinischen Therapien mit der Einführung von schmerzausschaltenden Verfahren (Äthernarkose, Lachgas, Lokalanästhesie) ab der Mitte des 19. Jahrhunderts ein Großteil ihres Schreckens genommen werden konnte, wird die Zahnbehandlung auch heute noch von vielen Patienten als unangenehme und bedrohliche Situation erlebt. Trotz allem Fortschritt in der Analgesietherapie sind auch heute Patientenberichte von unangenehmen Empfindungen bis hin zu starkem Schmerzerleben während einer Zahnbehandlung nicht selten. Deshalb ist es nicht verwunderlich, dass in Befragungen 60 % bis 80 % der Personen angeben, Angst vor der Zahnbehandlung zu haben. Hierbei handelt es sich jedoch keineswegs ausschließlich um Zahnbehandlungsphobiker, die den Hauptfokus dieses Bandes darstellen.

Zahnbehandlungsangst ist weit verbreitet, aber nicht gleichbedeutend mit Zahnbehandlungsphobie

Diese machen von der Personengruppe, die subjektive Zahnbehandlungsangst berichtet, letztlich nur etwa 10 % aus. Somit kennzeichnet die Bezeichnung Zahnbehandlungsangst eher einen Sammelbegriff für ein mehr oder weniger stark ausgeprägtes Gefühl der Bedrohung im Kontext einer Zahnbehandlung oder mit ihr verbundener Stimuli, das oftmals kein krankhaftes Ausmaß annimmt und meist nicht mit dauerhaftem Vermeidungsverhalten einhergeht. Neben dieser nicht pathologischen Zahnbehandlungsangst gibt es weitere psychische Störungen, die mit Angstreaktionen im Kontext der Zahnbehandlung einhergehen und von der spezifischen Phobie abzugrenzen sind (siehe Kapitel 1.4). Genese und Symptome dieser anderen Störungen stehen jedoch zumeist nicht in unmittelbarem Zusammenhang mit dem Behandlungskontext oder die Zahnbehandlung stellt nur ein Angstthema neben anderen dar.

Einige der typischen, die Zahnbehandlungsphobie kennzeichnenden Merkmale zeigt das obige Fallbeispiel. Ein Symptomkomplex ist auf kognitiver Ebene zu verorten: Die Betroffenen berichten von angstvollen Gedanken, die sich bei der Vorstellung einer Zahnbehandlung oder bei der tatsächlichen Konfrontation damit aufdrängen. Solche typischen Angstgedanken können heuristisch vor allem drei übergeordneten Themenbereichen zugeordnet werden:

1. *Katastrophisierungen* und *Überschätzung von Wahrscheinlichkeiten* in Bezug auf Behandlungsfehler, Schmerzausmaß, Zustand der eigenen Zähne oder verminderter Möglichkeit eigener Einflussnahme (z. B. „Der Arzt wird mir auf jeden Fall in die Wurzel bohren und ich habe unerträgliche Schmerzen"; „Ich kann überhaupt keinen Einfluss darauf nehmen, was während der Behandlung passiert" etc.).
2. *Insuffizienzgedanken,* bei denen das eigene Verhalten und Schwächen z. B. hinsichtlich der Schmerztoleranz im Mittelpunkt stehen (z. B. „Ich kann diesen Schmerz nicht aushalten"; „Niemand wird mich vernünftig behandeln können, weil ich nicht stillhalten kann" etc.).
3. *Scham- und Peinlichkeitsgedanken,* die entweder die Konsequenz aus der Bewertung des eigenen Verhaltens bzw. der Angstreaktion sind (z. B.

Katastrophisierungen, Ich-Insuffizienz- und Schamgedanken sind häufige kognitive Merkmale einer Zahnbehandlungsphobie

„Ich benehme mich wie ein kleines Kind"; „Ich bin ein Problempatient, der eine Zumutung für jeden Zahnarzt ist") oder sich auf den Zustand der eigenen Zähne beziehen (z. B. „Wahrscheinlich wird der Arzt die Behandlung verweigern, wenn er den Zustand meiner Zähne sieht"; „Wenn der Zahnarzt meine Zähne sieht, hält er mich für ungepflegt und unhygienisch").

Symptome auf kognitiver, physiologischer und Verhaltensebene

Die gewählten Beispiele angstvoller Gedanken zeigen, dass sich die Kategorien gegenseitig überlappen bzw. der gleiche Gedanke auch mehrere kognitive Furchtaspekte beinhalten kann. Ein weiterer, die Zahnbehandlungsphobie kennzeichnender Aspekt ist die Furchtreaktion auf physiologischer Ebene.

Diese besteht in der Regel aus typischen, sympathikoton-erregenden und aktionsvorbereitenden (fight/flight) Prozessen wie Pulsfrequenz- und Blutdruckanstieg (siehe hierzu auch Kapitel 2.2.2). Das von den Patienten berichtete Äquivalent auf subjektiver Erlebensebene hierzu sind z. B. Herzrasen und Hitzegefühl. In diesem Aspekt unterscheidet sich die Zahnbehandlungsphobie von den Blut-, Spritzen- und Verletzungsphobien, bei denen auf die anfängliche Aktivierung in ca. einem Drittel der Fälle eine vasovagale Reaktion folgt, die mit Hypotension und Bradykardie einhergeht und in einer Ohnmacht enden kann.

Vermeidungsverhalten verursacht somatische, psychische und soziale Folgeschäden

Weitere häufig berichtete Zeichen sympathikotoner Aktivierung sind Muskelzittern und Schwitzen. Die Heftigkeit kognitiver und physiologischer Furchtanteile führt nicht selten dazu, dass die Betroffenen aus der Behandlungssituation flüchten (z. B. aus dem Wartezimmer oder zu Beginn des Bohrens). Ein weiteres verhaltensmäßiges Kennzeichen der Zahnbehandlungsphobie ist das oftmals lang andauernde Vermeidungsverhalten. Dies kann für die Patienten mehrerlei schädliche Konsequenzen haben: Nicht nur das Risiko an Karies, Parodontose oder anderen entzündlichen Erkrankungen der Zähne und des oberen Gastrointestinaltrakts zu erkranken ist deutlich erhöht, auch die Wahrscheinlichkeit des Vorliegens kardiovaskulärer Störungen steigt mit dem Rückgang der Zahngesundheit (siehe hierzu auch Kapitel 1.5.2).

Die geschilderten Symptome, oftmals einhergehend mit sichtbaren kosmetischen oder ästhetischen Defiziten, können zu einer Beeinträchtigung des Selbstbildes und der sozialen Interaktion führen (z. B. trauen sich viele Patienten nicht mehr, ungezwungen zu lächeln, oder beginnen persönliche nahe Kontakte zu vermeiden) oder die Betroffenen in der Ausfüllung ihrer beruflichen und sozialen Rollen behindern.

Die Ausführungen im Kasten fassen die definitorischen Merkmale der Zahnbehandlungsphobie zusammen.

> **Definition:**
> Die Zahnbehandlungsphobie ist eine intensive und persistierende Furchtreaktion, die zuverlässig durch die Konfrontation oder Antizipation mit zu einer Zahnbehandlung gehörigen Stimuli, wie z. B. Instrumente, Behandlungsstuhl oder Anblick des Zahnarztes ausgelöst wird. Die Furchtreaktion zeigt sich auf der kognitiven Erlebensebene in Form von Angstgedanken (z. B. Katastrophisierungen) und wird durch sympathikoton-erregende physiologische Reaktionen, wie Herzrasen und Muskelzittern, begleitet. Sie geht mit einem ausgeprägten Vermeidungsverhalten einher, das die Durchführung einer Zahnbehandlung oftmals gänzlich unmöglich macht oder Betroffene die Behandlung nur unter starker Anspannung und Unbehagen ertragen können. Phobiker erkennen in der Regel, dass ihre Furchtreaktion übertrieben oder ihre Befürchtungen gänzlich unrealistisch sind. Das Ausmaß der Furchtreaktion oder die sich aus dem Vermeidungsverhalten ergebenen Probleme verursachen erheblichen Leidensdruck (z. B. durch somatische, kosmetische oder soziale Folgeprobleme) oder schränken die Betroffenen merklich in ihrer Lebensführung ein.

1.2 Diagnostische Kriterien

Die Zahnbehandlungsphobie ist eine Form der spezifischen Phobie, d. h. eine unmittelbar auftretende unangemessene Angstreaktion auf eine klar umschriebene Situation. Die diagnostischen Kriterien sind in den beiden hauptsächlich verwendeten diagnostischen Systemen, dem DSM-IV (Saß et al., 2003) und ICD-10 (Dilling et al., 1991) weitgehend deckungsgleich. Anders als bei Störungen, die erst seit kurzer Zeit wissenschaftlich systematisch untersucht werden und bei denen damit die diagnostischen Kriterien noch häufigen Änderungen unterliegen, wurden spezifische Phobien schon seit einigen Jahrzehnten intensiv beforscht, weshalb die derzeitigen Kriterien als dauerhaft angesehen werden können.

> **ICD-10-Kriterien der spezifischen Phobie (F40.2)**
>
> A. Entweder 1. oder 2.:
>   1. Deutliche Furcht vor einem bestimmten Objekt oder einer bestimmten Situation außer Agoraphobie oder Sozialer Phobie.
>   2. Deutliche Vermeidung solcher Objekte und Situationen außer Agoraphobie und Sozialer Phobie
>
> B. In den gefürchteten Situationen treten Angstsymptome auf, wie sie auch bei anderen Angststörungen (z. B. Agoraphobie) definiert sind:
>   – *Vegetative Symptome* (z. B. Herzklopfen, Schweißausbrüche)
>   – *Thorax und Abdomen betreffende Symptome* (z. B. Atembeschwerden, Nausea)

- *Psychische Symptome* (z. B. Derealisation; Depersonalisation)
- *Allgemeine Symptome* (z. B. Hitzewallungen, Kribbelgefühle)

C. Es besteht die Einsicht, dass die Symptome und das Vermeidungsverhalten übertrieben und unvernünftig sind. Es besteht eine deutliche emotionale Belastung durch die Symptome oder das Vermeidungsverhalten.

D. Die Symptome sind auf die gefürchtete Situation oder Gedanken an diese beschränkt.

Spezifische Phobien können wie folgt unterteilt werden:
- Tier-Typ (z. B. Insekten, Hunde)
- Naturgewalten-Typ (z. B. Gewitter, Wasser)
- Blut-Injektion-Verletzungs-Typ
- Situativer Typ (z. B. Fahrstuhl, Tunnel, Flugzeug)
- Andere Typen

1.3 Epidemiologische Daten

Zahnbehandlungsangst ist in der Bevölkerung weit verbreitet

Die Angst vor Zahnbehandlungen ist weit verbreitet. Bei auf Fragebogendaten basierenden Untersuchungen berichten etwa 80 % aller Erwachsenen in Industrieländern Unbehagen bei bevorstehenden Zahnbehandlungsterminen. Etwa 20 % geben an, sehr ängstlich zu sein und etwa 5 % vermeiden Zahnbehandlungen gänzlich. Wie bei allen Angststörungen sind Frauen davon häufiger betroffen als Männer (De Jongh & Ter Horst, 1993).

Zahnbehandlungsangst stellt sich nach Öst (1987) bei einem mittleren Alter von 12 Jahren ein und chronifiziert im Mittel über 23 Jahre, bevor die Betroffenen eine Therapieeinrichtung aufsuchen. Zwei ältere epidemiologische Studien aus den 60er und 80er Jahren, die die Punktprävalenz von Zahnbehandlungsangst untersuchten, ermittelten Prävalenzwerte von 19,8 % (Agras et al., 1969) und 13,1 % (Fiset et al., 1989).

Wie in Kapitel 1.4 noch ausführlich diskutiert, muss das sorgenvolle und skeptische Entgegensehen des nächsten Zahnbehandlungstermins, das auch den meisten Lesern bekannt sein dürfte, von der Zahnbehandlungsphobie, definiert auf der Basis symptomatischer Kriterien (nach DSM-IV oder ICD-10) unterschieden werden. Hier liegt ein wesentliches Problemfeld in der epidemiologischen Forschung zur Zahnbehandlungsphobie, wie der Phobieforschung im Allgemeinen, auf das bereits verschiedentlich hingewiesen wurde (z. B. Kirkpatrick, 1984), da in vielen Untersuchungen die Definition und Interpretation dessen, was „Furcht" ist, zu sehr den Befragten überlassen wurde und es somit immer wieder zu einer Konfundierung zwischen Phobie auf der einen und subjektivem Angsterleben auf der anderen Seite kommt.

Eine auf der Recherche von Online-Datenbanken basierende Untersuchung zur Prävalenz der Zahnbehandlungsphobie (Oosterink et al., 2009a) zeigt dementsprechend Inkonsistenzen zwischen den Studien. Die darin aufgeführten Prävalenzraten reichen von 3,9 % in einer australischen Untersuchung an einer repräsentativen Bevölkerungsstichprobe von fast 4.000 Personen (Armfield et al., 2008) bis zu 10,7 % an einer ebensolchen kanadischen Stichprobe von 2.600 Personen (Liddel & Locker, 1997). Eine in der Fußgängerpassage von Bochum durchgeführte Untersuchung ermittelte ebenfalls eine Prävalenzrate von 11 % (Enkling et al., 2006). Diese fehlende Übereinstimmung ist zu einem Teil sicherlich auf Unterschiede in der Wahl der Erhebungsmethoden, den verwendeten Maßen und Kriterien zur Ermittlung der Furcht zurückzuführen, sie lässt sich aber auch als Beweis der Konfundierung von Zahnbehandlungsangst und -phobie interpretieren, wie sie bei allein auf subjektiven Eindrücken des Befragten beruhenden Angaben unvermeidbar ist. Um sich besser gegen diesen subjektiven Bias abzusichern, verwendeten einige Untersuchungen validierte Maße wie die Dental Anxiety Scale (DAS, siehe auch Kapitel 3.1). Damit sollte der Schweregrad der Zahnbehandlungsangst mit einem reliablen Maß erfasst werden. Obwohl sich mittlerweile international die DAS-Cut-off-Wert-Bestimmung der Angstintensität durchgesetzt hat, ist auch die DAS als Selbstbeurteilungsfragebogen ursprünglich nicht als Diagnoseinstrument entwickelt oder hinsichtlich ihrer Güte empirisch evaluiert worden. Immer wieder wird deshalb gefordert (z. B. Oosterink et al., 2009a), sich in der epidemiologischen Forschung auf eine internationalen Kriterien (DSM-IV oder ICD-10) entsprechende Phobiediagnostik festzulegen, wenn auch tatsächlich die Erfassung der phobischen Erkrankung und nicht die Intensität subjektiver Angst im Zentrum des Forschungsinteresses steht.

Valide Erfassung der Phobie notwendig

Insgesamt gibt es bislang (Stand Juli 2009) im Bereich der Zahnbehandlungsphobie drei Studien, die das Vorhandensein der Störung unter Berücksichtigung dieser Prämissen erfasst haben. In ihnen werden Punktprävalenzen von 2,3 %, 2,1 % und 3,7 % berichtet. Die Studie mit den niedrigsten berichteten Prävalenzwerten (Frederikson et al., 1996) weist allerdings den Mangel auf, dass sie weniger die Phobie vor Zahnbehandlungen als die Phobie vor dem Zahnarzt erfasst. Der Zahnarzt erwies sich jedoch in einer anderen Untersuchung (Oosterink et al., 2008) als relativ wenig furchteinflößend. Nur 0,3 % der Probanden bewerteten den Anblick des Zahnarztes als „extrem furchterregend". Damit lag er auf Platz 66 von 67 potenziell furchtevozierenden Reizen während einer Zahnbehandlung. Die zuletzt berichtete Prävalenzangabe beruht auf der Untersuchung einer 1969 Personen umfassenden repräsentativen Stichprobe der niederländischen Bevölkerung (Oosterink et al., 2009a), bei der neben Zahnbehandlungsphobie auch noch das Vorhandensein anderer phobischer Störungen

Die Punktprävalenz phobischer Zahnbehandlungsangst liegt zwischen 2,1 % und 3,7 %

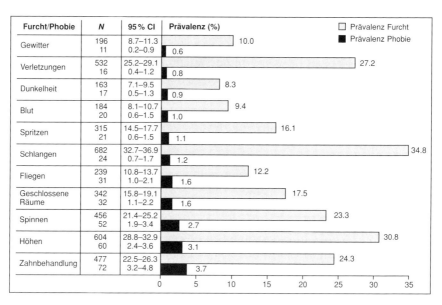

Abbildung 1: Prävalenz von Furcht und Phobie (Oosterrink et al., 2009a; CI = Confidenzintervall, N = Personenanzahl)

erfasst wurde. Abbildung 1 zeigt die Ergebnisse dieser Untersuchung getrennt für die subjektive berichtete Angst und das Vorhandensein einer phobischen Störung nach DSM-IV für insgesamt 11 Phobiebereiche.

Zahnbehandlungsphobie führt zu schweren Beeinträchtigungen der Zahngesundheit

Die Vermeidung der Zahnbehandlung und der damit einhergehende beeinträchtigte Zahnstatus können schwerwiegend sein. In der Zahnklinik Bochum wurden in den letzten Jahren 388 Zahnbehandlungsphobiker in Forschungsprojekte aufgenommen (Thom & Sartory, 2000; Sartory et al., 2006, 2009; Schmid-Leuz et al., 2007; Wannemüller et al., eingereicht), wobei deren Vermeidungsgeschichte und Zahnstatus dokumentiert wurden. Insgesamt gaben die Patienten eine Dauer der Phobie von bis zu 60 Jahren an. Die letzte Zahnbehandlung erfolgte im Mittel vor 7 Jahren, wobei kürzlich durchgeführte Notbehandlungen mit eingeschlossen waren. Einige Patienten gaben an, sich noch nie einer Zahnbehandlung unterzogen zu haben. Die Erfassung des Zahnstatus mittels des DMF/T (Decayed/Missing/Filled Teeth)-Index auf der Basis der Zahnuntersuchung bzw. Röntgenuntersuchung machte die große Dringlichkeit der Zahnbehandlung bei diesen Patienten offensichtlich. Im Mittel bedurften bei Zahnbehandlungsphobikern acht Zähne der Behandlung (D – decayed) mit einem Range von 2 bis 31, während dies nach Angaben des Instituts der deutschen Zahnärzte (2006) bei einer Mundgesundheitsuntersuchung pro Person im Mittel bei nur 2,7 Zähnen in der Allgemeinbevölkerung der Fall war. Dementsprechend wiesen Zahnbehandlungsphobiker auch weniger Füllungen auf als die Allgemeinbevölkerung.

1.4 Differenzialdiagnose

Nicht bei jeder Angstreaktion im Kontext der Zahnbehandlung handelt es sich um eine behandlungsbedürftige phobische Störung. Wie oben beschrieben, berichtet die Mehrzahl der Befragten in Industrieländern unangenehme Erwartungen und Befürchtungen im Zusammenhang mit der Zahnbehandlung, nicht selten aufgrund früherer aversiver oder schmerzhafter Erfahrungen. Die meisten dieser Personen leiden jedoch nicht unter einer Zahnbehandlungsphobie, da sie diese Situation weder langfristig vermeiden, noch sich aus der Furchtreaktion irgendwelche, die Lebensführung einschränkenden Konsequenzen, wie z. B. häufige unbehandelte Zahnschmerzen, Medikamentenabusus oder Probleme in der sozialen Interaktion bzw. bei der Erfüllung beruflicher Aufgaben etc., ergeben. Außerdem bestehen bei dieser Personengruppe, wenn überhaupt, nur leichte Anzeichen einer physiologischen Furchtreaktion, wie z. B. schwitzige oder verkrampfte Hände.

Bei nicht phobischer Zahnbehandlungsangst fehlen zumeist Vermeidung und physiologische Angstsymptome

Einen Nachweis hierfür konnten z. B. Sartory et al. (2009) erbringen, die Phobikern und Nicht-Phobikern zahnbehandlungstypische Geräusche (z. B. Bohrer, Kratzer) präsentierten. Genau wie die Phobikergruppe schätzen Nicht-Phobiker solche Geräusche signifikant aversiver ein als Audiomaterial neutralen Inhalts (Vogelzwitschern). Die physiologische Reaktion der beiden Gruppen unterschied sich während der Reizexposition jedoch deutlich voneinander. Während die Pulsfrequenz bei Nicht-Phobikern als Indikator einer Orientierungsreaktion abnahm, zeigten Phobiker die schreck- oder defensivreaktionstypische Akzeleration bei Konfrontation mit phobierelevantem Audiomaterial (vgl. Abb. 2). Dieser Befund legt nahe, dass sich die physiologische Ebene besser als Diskriminante zwischen phobischer und nicht phobischer Angst eignet als die kognitive Ebene bzw. das subjektiv berichtete Angstmaß.

Neben der Zahnbehandlungsphobie können noch weitere psychische Störungen Angst und Vermeidenssymptome im Zahnbehandlungskontext hervorrufen und sind deshalb manchmal leicht mit ihr zu verwechseln. Damit zahnbehandlungsphobiespezifische therapeutische Interventionen (siehe Kapitel 4) wirksam angewandt werden können, ist es unerlässlich, vom Patienten berichtete Angstsymptome beim Zahnarztbesuch differenzialdiagnostisch abzuklären (vgl. auch die Karte „Welche Störungen können außer der Phobie zur Vermeidung der Zahnbehandlung führen?" im Anhang des Buches).

1.4.1 Andere phobische Störungen

Da die Zahnbehandlung einen medizinischen Eingriff mit invasiven Methoden wie z. B. einer Spritze darstellt, ist auch das Vorliegen einer *Blut-, Injektions- und Verletzungsphobie* als mögliche Ursache für die Angstreaktion

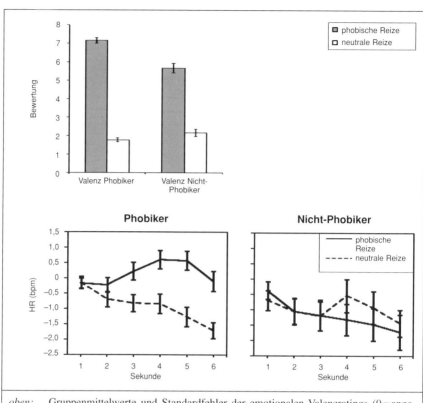

oben:	Gruppenmittelwerte und Standardfehler der emotionalen Valenzratings (0 = angenehm bis 9 = unangenehm) beim Hören phobierelevanter (Zahnbehandlungs-)Geräusche und (neutraler) Kontrollgeräusche (Vogelgesang). Sowohl Zahnbehandlungsphobiker als auch Kontrollprobanden schätzten die Zahnbehandlungsgeräusche unangenehmer ein als den Vogelgesang.
unten:	Herzraten(HR)-Reaktion auf Zahnbehandlungsgeräusche (phobische Reize) und Vogelgesang (neutrale Reize) bei Phobikern und Nicht-Phobikern. Phobiker weisen eine für Angstreaktionen typische HR-Beschleunigung bei Zahnbehandlungsgeräuschen auf, während Kontrollprobanden eine HR-Verlangsamung zeigen, die auf Aufmerksamkeitsreaktionen hinweisen.

Abbildung 2: Emotionale Valenzratings (oben) sowie Herzraten-Reaktion auf Zahnbehandlungsgeräusche und Vogelgesang (unten) bei Phobikern und Nicht-Phobikern (Sartory et al., 2009)

denkbar. Patienten mit einer Blut-, Injektions- und Verletzungsphobie haben jedoch generell Angst vor medizinischen Eingriffen aller Art, vor allem aber solchen, bei denen Blut abgenommen wird oder Spritzen verwendet werden, wie sie auch generell den Anblick von Blut, Verletzungen bis hin zum Anblick von rohem Fleisch, etwa in Auslagen von Metzgereien, vermeiden. Zahnbehandlungsphobiker haben in solchen Situationen hingegen keine Schwierigkeiten. Die Blut- und Verletzungsphobie ist eine Form der spezifischen Phobie, unterscheidet sich aber von anderen dadurch, dass die phobische Reaktion in einigen Fällen biphasisch verläuft und auf die frühen Aktivierungskomponenten ein Absinken des Blutdrucks und der Pulsfrequenz (vasovagale Reaktion) erfolgt. Hierdurch besteht die Gefahr einer Ohnmacht (Synkope) während oder nach der Reizexposition. Letztere kommt bei Zahnbehandlungsphobikern nicht vor. In psychophysiologischen Untersuchungen (z. B. Sartory et al., 2009) zeigten diese Probanden, die auch bei anderen Phobien bestehende typische sympathikotone Aktivierungsreaktion. De Jongh et al. (1998) konnten überdies nachweisen, dass weder die Furchtintensität noch das Ausmaß der Vermeidung von Blut, Spritzen oder Verletzungen mit der Zahnbehandlungsangst korrelierten, obwohl die Blut-Spritzen-Verletzungsphobie als komorbide Störung der Zahnbehandlungsphobie häufig vorkommt.

Keine Korrelation zwischen Zahnbehandlungsangst und Angst vor Blut, Spritzen und Verletzungen

Eine, wenn auch seltenere, aber ebenfalls mögliche Ursache für Angstsymptome im Kontext der Zahnbehandlung stellt die *Emetophobie* dar. Betroffene leiden an fortwährender Furcht vor Übelkeit oder Erbrechen, was im Falle des Auftretens nicht selten mit dem Eindruck vollständigen Kontrollverlusts einhergeht. Obwohl eigenes Erbrechen in den meisten Fällen das zentrale Angstthema darstellt, werden oft auch all jene Situationen vermieden, in denen die Wahrscheinlichkeit hoch eingeschätzt wird, entweder direkt mit Erbrochenem konfrontiert zu werden (z. B. Krankenhäuser, Kindergärten etc.) oder andere dabei zu beobachten. Um ihren Befürchtungen vorzubeugen, essen Emetophobiker deshalb meist sehr gezügelt und vermeiden eine Vielzahl von Situationen und sozialen Kontexten, sodass es zu sozialer Isolierung und gesundheitlichen Folgeschäden durch Mangelernährung kommen kann.

Die Zahnbehandlungssituation ist für diese Patienten extrem phobierelevant und wird häufig vermieden, da sie z. B. beim Einführen der Instrumente in die Mundhöhle befürchten, dass ein Würgereflex ausgelöst werden könnte. Dabei ist die Zahnbehandlung jedoch nur eine von vielen Situationen, die vermieden werden. Weitere Angstgedanken, die sich unmittelbar auf den Kontext der Zahnbehandlung beziehen, fehlen meist bei dieser Patientengruppe (zusammenfassend vgl. Lipsitz et al., 2001).

Bei alleiniger Furcht vor dem Erbrechen sollte eine Emetophobie diagnostiziert werden

Eine weitere Störung, die in der Regel dazu führt, dass die Betroffenen Situationen wie die Zahnbehandlung vermeiden, ist die *Agoraphobie (ICD-10: F40.00)*. Davon Betroffene vermeiden Situationen, aus denen ein Entkommen oder das Erlangen von Hilfe schwierig sein könnte, für den Fall, dass eine Panikattacke oder panikartige Symptome auftreten. Außerdem teilen sie ihre Umgebung meist in einige wenige sichere Orte (z. B. die eigene Wohnung) und viele „Gefahrensituationen" ein, die möglichst komplett vermieden, nur unter Angst ertragen oder schleunigst wieder verlassen

Eingeschränkte Möglichkeit zur Flucht und Kontrollverlusterleben machen die Zahnbehandlungssituation für Agoraphobiker schwierig

werden müssen. Besonders in neuen und ungewohnten Situationen wird meist penibel darauf geachtet, dass jederzeit eine Fluchtmöglichkeit besteht. Da es eine Zahnbehandlung erforderlich macht, dass sich Patienten längere Zeit im Zahnbehandlungsstuhl aufhalten und eine Flucht aus der Behandlungssituation schwierig bzw. unmöglich ist, gehört für viele Agoraphobiker auch diese zu den Gefahrensituationen und wird daher konsequent vermieden. Besonders für Patienten, die zusätzlich aktuell an Panikanfällen leiden, also die Diagnose einer *Agoraphobie mit Panikstörung (ICD-10: F40.01)* erfüllen, stellt die Zahnbehandlung aufgrund des subjektiven Kontrollverlusterlebens und fehlender Fluchtmöglichkeiten bei der Wahrnehmung körperlicher Veränderungen eine heftig gefürchtete Situation dar. Anders als Zahnbehandlungsphobiker vermeidet diese Patientengruppe aber eine Vielzahl von Situationen, aus denen ein Entkommen schwierig ist. Außerdem treten Panikattacken und Vermeidungsverhalten auch außerhalb des zahnärztlichen Kontextes auf. Inhaltliche Befürchtungen oder Katastrophisierungen in Bezug auf die konkrete Zahnbehandlung, den Instrumenteneinsatz oder die Schmerzerwartung fehlen entweder vollständig oder sind vergleichsweise gering ausgeprägt.

Soziale Phobiker befürchten negative Beurteilung durch den Arzt oder das Klinikpersonal

Wie bereits in Kapitel 1.1 erläutert, berichten auch Zahnbehandlungsphobiker Peinlichkeits- und Schamgedanken infolge des Sichtbarwerdens entweder ihrer Furchtreaktion oder aufgrund von langjähriger Vermeidung bestehender Zahnschäden und kosmetischer Beeinträchtigungen. Hinsichtlich dieses Furchtaspekts sind sie nur schwer von Patienten mit *Sozialer Phobie (ICD-10: F40.1)* abzugrenzen. Letztere befürchten, entweder in einer oder mehreren sozialen Situationen ein lächerliches oder peinliches Verhalten zu zeigen und deshalb von anderen negativ beurteilt zu werden. Solche sozialen Situationen werden vermieden oder nur unter heftiger Angst ertragen. Die soziale Phobie ist eine häufige komorbide Störung der Zahnbehandlungsphobie (siehe Kapitel 1.5.1). Bei der sozialen Phobie stellt jedoch die Beurteilungskomponente das zentrale kognitive Angstthema dar. Die Betroffenen befürchten, z. B. aufgrund des Zustands oder der Beschaffenheit ihres Gebisses von anderen z. B. für grundsätzlich unhygienisch oder ungepflegt gehalten zu werden. Wenn diese oder ähnliche Bewertungskognitionen ausschließlich den Kern der kognitiven Angstkomponente bilden und relativ durchgängig auch ohne Kontiguität zur Zahnbehandlung existieren, sich die Betroffenen also auch in anderen Situationen stark für ihre Zähne schämen und ihre sozialen Interaktionen dadurch beeinträchtigt werden, sollte eine soziale Phobie diagnostiziert werden (Stangier et al., 2006).

Bei Zahnbehandlungsphobikern können Scham- und Peinlichkeitsgedanken im Kontext der Behandlungsprozedur ebenfalls vorkommen, es bestehen aber daneben immer auch furchtsame Erwartungen in Bezug auf das Behandlungsprozedere (z. B. Furcht vor Behandlungsfehlern) oder nicht sozialen negativen Folgen (z. B. Schmerzen; Zahnverlust). Erröten oder

Stottern, beides von Sozialphobikern häufig berichtete Angstsymptome auf der körperlichen Reaktionsebene, sind keine typischen Kennzeichen Spezifischer Phobien.

1.4.2 Posttraumatische Belastungsstörung (PTB)

Eine weitere Angststörung, die die Zahnbehandlungsangst ausgelöst haben könnte, muss von der Phobie abgegrenzt werden, nämlich die *posttraumatische Belastungsreaktion (PTB) (ICD-10: F43.1)*. Einige Zahnbehandlungsphobiker berichten von traumatisierenden Behandlungserlebnissen, zumeist im Kindes- oder Jugendalter. Solche Erlebnisse tragen im Sinne einer onetrial-Konditionierung zur Entstehung der Zahnbehandlungsphobie bei (siehe Kapitel 2), sie könnten darüber hinaus jedoch auch zu einer PTB geführt haben, geht man davon aus, dass die Zahnbehandlungssituation die für die PTB erforderlichen situativen Kriterien (Lebensbedrohung oder Gefahr der körperlichen Unversehrtheit) erfüllt und vom Betroffenen subjektiv darauf mit intensiver Furcht, Hilflosigkeit oder Entsetzen reagiert wurde. Auch die PTB ist von starker Vermeidung von Hinweisreizen, die an das traumatische Ereignis erinnern, und damit auch der Zahnbehandlung gekennzeichnet. Darüber hinaus kommt es zusätzlich zu Wiedererleben, zum Beispiel Albträumen, oder dem Gefühl, sich flashbackartig wieder in der traumatischen Situation zu befinden. Zwar scheint die Zahnbehandlungsphobie häufiger mit intrusiven Erinnerungen in Verbindung zu stehen als andere spezifische Phobien (Oosterink et al., 2009b), allerdings fehlen andere PTB-typischen Symptome wie emotionale Taubheit und Übererregung.

Bei PTB besteht Wiedererleben, emotionale Taubheit und eine tonische Übererregung

Bei PTB-Patienten, die Opfer sexueller Gewalterfahrungen wurden, stellt das Einführen der zahnärztlichen Instrumente in den Mund zuweilen einen traumarelevanten Reiz dar, weshalb auch von ihnen die Zahnbehandlung vermieden wird. Auch wenn die angewandten therapeutischen Verfahren einer PTB und einer reinen Zahnbehandlungsphobie Ähnlichkeiten aufweisen, ist eine präzise Erst- und verfahrensbegleitende Diagnostik dennoch wesentlich, da sicher gestellt werden muss, dass die zusätzlichen PTB-Symptome durch die Behandlung ebenfalls eine Besserung erfahren. Diagnostik und Behandlung der PTB wurden in dieser Reihe an anderer Stelle beschrieben (Ehlers, 1999).

1.4.3 Generalisierte Angststörung (GAS)

Auch GAS-Patienten stellen eine, in Bezug auf Zahnbehandlungen oftmals vermeidende und ängstliche Gruppe dar. Betroffene machen sich über weite Strecken des Tages Sorgen über eine Vielzahl von möglichen Ereignissen und deren Folgen. Dies geschieht zumeist, ohne dass ein situativer Auslöser

Tabelle 1: Differenzialdiagnostische Aspekte

Differenzialdiagnose	Überlappende Merkmale	Differenzierende Merkmale
Normale (subklinische) Zahnbehandlungsangst	– Furchtsame Gedanken und Skepsis bei Antizipation oder Konfrontation mit einer Zahnbehandlung	– Keine Vermeidung – Wenn überhaupt, dann nur milde physiologische Symptome – Keine Einschränkungen in der Lebensführung oder bei der Rollenerfüllung
Blut-, Spritzen- und Verletzungsphobie	– Furcht vor der Zahnbehandlung und dem Instrumenteneinsatz – Erwartungsängste, Katastrophisierungen – Vermeidung	– Furchtreaktion nicht auf Zahnbehandlungen begrenzt, sondern auch in anderen ärztlichen Behandlungssituationen oder bei Anblick von Blut, Verletzungen etc. – Oft biphasische physiologische Reaktion – Synkopen können vorkommen
Emetophobie	– Furchtreaktion bei Konfrontation bzw. direktem Kontakt mit Zahnbehandlungsutensilien im Mundbereich – Vermeidung	– Furcht vor dem Erbrechen bzw. Auslösen des Würgereflexes z. B. bei taktiler Stimulation – Vermeidung einer Vielzahl sozialer und anderer Situationen – Oft sehr restriktive Nahrungsaufnahme aus Furcht vor Würgereiz entweder während des Essvorgangs oder durch „Überessen"
Agoraphobie (mit Panikstörung)	– Vermeidung der Zahnbehandlung – Furcht vor Kontrollverlust – Heftige physiologische Reaktion bis hin zum Vollbild einer Panikattacke – Furcht vor Peinlichkeiten bei Gewahrwerden der Furchtreaktion	– Panikattacken auch in anderen Situationen – Wahrnehmung körperlicher Veränderungen und deren katastrophale Interpretation sind zentraler Angstinhalt – Alle Situationen mit fluchterschwerenden Kontextmerkmalen werden vermieden
Soziale Phobie	– Scham und Peinlichkeitsempfinden – Furcht vor negativer Beurteilung durch Zahnarzt oder Klinikpersonal	– Befürchtungen beziehen sich ausschließlich auf die soziale Beurteilungskomponente – Keine Katastrophisierungen oder Befürchtungen, die in direktem Bezug zu Vorgängen der Zahnbehandlung stehen – Oftmals Vermeidung oder Unwohlsein in mehreren sozialen Situationen – Soziale Ängste auch außerhalb der Zahnbehandlungssituation

Tabelle 1: Differenzialdiagnostische Aspekte (Fortsetzung)

Differenzial-diagnose	Überlappende Merkmale	Differenzierende Merkmale
Posttraumatische Belastungsstörung	– Vermeidung – Derealisations- und Depersonalisationssymptome – Furcht vor Kontrollverlust und Ausgeliefertsein	– Störungssymptome auch ohne direkte Konfrontation oder Antizipation trauma-relevanter Reize – Intrusionen – Emotionale Taubheit – Dissoziative Symptome außerhalb der konkreten Behandlungssituation
Generalisierte Angststörung	– Erwartungsängste – Furcht vor katastrophalen Behandlungsfolgen	– Langanhaltende Besorgnis – Oftmals kein konkreter Auslöser – Keine heftige physiologische Furchtreaktion – Metasorgen – Dysfunktionale Sorgenkontrollstrategien

vorliegt bzw. erkannt wird. Offenes Vermeidungsverhalten ist deshalb selten, kann aber vorkommen. Anders als bei phobischen Störungen kommt es im Zuge der Sorgenruminationen normalerweise nicht zu einer deutlichen psychophysiologischen Aktivierung. Im Gegenteil: Es gibt Hinweise darauf, dass der Sorgenprozess eine hemmende Wirkung auf körperliche Erregung hat und die Sorgen deshalb negativ verstärkt (zur Vertiefung siehe Becker & Hoyer, 2005 in dieser Reihe). Ein weiteres, die GAS von phobischen Störungen diskriminierendes Merkmal, besteht in der Art der Sorgen. Während die furchtsamen Gedanken des Phobikers grundsätzlich einen Ich-Bezug aufweisen, sich auf eine konkrete Situation beziehen, oft bildhaft sind und mit der Proximität der gefürchteten Situation an Intensität und Häufigkeit zunehmen, betreffen die semantisch-sprachlich enkodierten Sorgen und furchtsamen Erwartungen des GAS-Patienten oftmals verstärkt das familiäre Umfeld, umkreisen oft „hot-spots" auf einer hohen Abstraktionsebene (z. B. alleine und einsam sein, ein Familienmitglied durch Tod verlieren etc.) und existieren auch ohne zeitlich-räumlichen Zusammenhang zum befürchteten Ereignis. In der konkreten Zahnbehandlungssituation zeigt sich letzteres z. B. daran, dass die meisten Phobiker über die Zahnbehandlung angstfreier nachdenken können, wenn sie wissen, dass ihre letzte Behandlung gerade vorüber und die nächste noch nicht vorhersehbar ist. Außerdem fällt ihre Angstreaktion im Behandlungskontext zumeist geringer aus, wenn es darum geht, ein Familienmitglied zu begleiten und nicht selbst behandelt zu werden. Bei GAS-Patienten lassen

Zahnbehandlungsängstliche GAS-Patienten befürchten nicht konkret Inhalte und Kontext der Zahnbehandlung

sich diese Unterschiede zumeist nicht finden, da ihre Befürchtungen viel weniger konkret und an die physische Erfahrung gebunden sind. Die Existenz weiterer, die GAS-kennzeichnender Merkmale wie Metasorgen und Sorgenkontrollstrategien liefern dem Diagnostiker weitere wichtige Hinweise zur Diskrimination beider Störungen. Tabelle 1 fasst Überlappungs- und Differenzierungsmerkmale von Zahnbehandlungsphobie und anderen mit Zahnbehandlungsangst einhergehenden Störungen zusammen.

1.5 Komorbiditäten

Zahnbehandlungsphobie geht mit einer Vielzahl von psychischen und somatischen Komorbiditäten und Folgeproblemen einher. Neben einem allgemein erhöhten Risiko für das gleichzeitige Bestehen weiterer phobischer und anderer Angststörungen sowie affektiven Störungen kommt es durch häufig unbehandelte Zahnschmerzen nicht selten zu Analgetika- oder Narkotikamissbrauch. Der meist mit langjährig vermiedenen Zahnarztbesuchen einhergehende Rückgang der Zahngesundheit erhöht nicht nur die gleichzeitige Prävalenz von Erkrankungen des Mundes und oberen Gastrointestinaltraktes, er stellt auch einen Risikofaktor für die Entwicklung kardialer Erkrankungen dar. In diesem Abschnitt werden Befunde zu psychischen und somatischen Komorbiditäten und Folgeerkrankungen zusammenfassend dargestellt.

1.5.1 Psychische Komorbiditäten

Etwa 40 % aller Zahnbehandlungsphobiker leiden an komorbiden psychischen Störungen, vor allem weiteren Angststörungen (20 %), aber auch affektiven Störungen (16 %) (Roy-Byrne et al., 1994).

Weitere Angst- und affektive Störungen sind die häufigsten Komorbiditäten der Zahnbehandlungsphobie

Zahnbehandlungsphobie ist häufig von kosmetischer Beeinträchtigung wie z. B. einem offensichtlichem Kariesbefall der Schneidezähne gekennzeichnet. Aus Scham vor der Verunstaltung oder mit den Zahnschäden einhergehender Geruchsentwicklung, beginnen manche Betroffene ihre sozialen Beziehungen einzuschränken. Lächeln oder Mimik, die ein Öffnen des Mundes erfordert, wird entweder gänzlich unterlassen oder nur noch eingeschränkt gezeigt. In der Folge kann es zur Entwicklung einer Sozialphobie kommen. In einer Untersuchung an 90 nach DSM-IV diagnostizierten Zahnbehandlungsphobikern wurde bei 28 % von ihnen eine komorbide Sozialphobie festgestellt (Sartory et al., 2009). In weiteren Untersuchungen waren es jeweils 17 % (Schmid-Leuz et al., 2007) bzw. 18,9 % (Wannemüller et al., eingereicht). Auch wenn bislang Studien zur direktiven Kausalbeziehung fehlen, ist wahrscheinlich, dass sich in vielen Fällen aus der

Zahnbehandlungsphobie eine Soziale Phobie entwickelt. Die aus der Vermeidung notwendiger Zahnarztbesuche resultierenden Konsequenzen sind zum einen vermutlich für die Einschränkung bzw. Vermeidung sozialer Interaktionen verantwortlich, zum anderen tragen sie zur Entwicklung und Ausformung eines negativen Selbstbildes bei. Es ist unklar, ob die soziale Vermeidung mit der Besserung der Zahnbehandlungsphobie zurückgeht, oder die zusätzliche Sozialphobie auch über die Restitution der Zahngesundheit hinaus spezifische Behandlungsmaßnahmen erfordert (hierzu siehe Stangier et al., 2006).

Weitere, gelegentliche komorbide Störungen der Zahnbehandlungsphobie entstammen dem affektiven Spektrum. In der oben genannten Untersuchung (Sartory et al., 2009) an 90 Phobikern waren 16 % (Dysthymie und Major Depression) davon betroffen. Wie im Falle der Sozialphobie steht zu vermuten, dass affektive Störungen wahrscheinlich ebenfalls eher aus der Zahnarztphobie resultieren als umgekehrt. Denkbar sind hier zwei Faktoren: Zum einen kommt es wahrscheinlich durch die Wahrnehmung ästhetischer Defizite und der damit vermuteten oder tatsächlichen Zurückweisung durch Andere zu einem Verstärkerverlust durch sozialen Rückzug und zur Ausbildung eines negativen Selbstkonzepts. Den zweiten vermittelnden Faktor in der Depressionsentstehung stellen wahrscheinlich die häufigen Schmerzepisoden dar, die infolge der Vermeidung der Zahnbehandlung auftreten und oftmals im Laufe der Jahre chronifizieren. Schätzungen zufolge lässt sich bei 30 % bis 50 % der chronischen Schmerzpatienten eine depressive Verstimmung diagnostizieren. Neben einem erhöhten Risiko für die Entwicklung affektiver Störungen ist schädlicher Medikamentengebrauch bzw. -abhängigkeit eine weitere Folge häufiger akuter und chronischer Schmerzen. Beispielsweise konnten Kouyanou et al. (1997) für eine hospitalisierte Stichprobe chronischer Schmerzpatienten in ca. 70 % der Fälle den regelmäßigen Gebrauch von Opioiden, peripher wirksamen Analgetika (48 %), Antidepressiva (25 %) und Benzodiazepinen (17,6 %) nachweisen. Insgesamt erfüllten 9,6 % der Patienten die DSM-III-R Kriterien für Substanzmissbrauch oder -abhängigkeit.

Häufige Schmerzepisoden können die Entwicklung affektiver Erkrankungen bei Zahnbehandlungsphobikern fördern

1.5.2 Somatische Begleit- und Folgeerkrankungen der Zahnbehandlungsphobie

Wie bereits in Kapitel 1.1 beschrieben sind Beeinträchtigungen und Schäden der Zahngesundheit sowie sichtbare kosmetische Beeinträchtigungen, wie offensichtlicher Kariesbefall der Schneidezähne oder Zahnsteinauflagerungen ein häufiges Resultat vermiedener Zahnarztbesuche. Während für Karies, als durch Streptokokken übertragene Infektionskrankheit, bislang keine weiteren schädlichen Folgen für die körperliche Gesundheit bekannt sind, mehren sich die Befunde, wonach Zahnfleischerkrankungen (sog. parodontale Erkrankungen) das Risiko für ischämische Insulte, Arteriosklerose und koronare Herzerkrankungen (KHK) sowie gastrointestinale Erkrankungen erhöhen. Letztere entstehen wahrscheinlich in direkter Konsequenz des schlechter aufbereiteten Nahrungsbreis durch den beschädigten Kauapparat.

Es gibt Hinweise auf Zusammenhänge zwischen Zahngesundheit und gastrointestinalen sowie kardiovaskulären Erkrankungen

In einer aktuellen Metaanalyse (Cronin, 2009) ergab sich ein um den Faktor 1.24 bis 1.30 erhöhtes und um andere Risikofaktoren wie Geschlecht, Rauchen und Gewicht bereinigtes relatives Risiko für KHKs durch einzelne spezifische Zahnfleischerkrankungen (z. B. Parodontitis, Gingivitis). Welche pathogenen Vorgänge ursächlich für die geschilderten Zusammenhänge sind, ist bislang noch nicht geklärt. Wahrscheinlich erhöhen alle chronisch entzündlichen Prozesse das Auftretensrisiko kardiovaskulärer Erkrankungen, aber es wird auch ein möglicher spezifischer Kausalzusammenhang zwischen KHK und Parodontitis beschrieben (Chiu, 1999), wonach der die Parodontose verursachende Erreger auch für die arterielle Plaquebildung mitverantwortlich sein könnte und auch in Plaques der Arteria Carotis nachgewiesen wurde. Trotzdem sind bislang die Ergebnisse der Ursachenforschung zu Zusammenhängen zwischen Zahnfleischerkrankungen und kardiovaskulären Störungen noch sehr uneinheitlich.

2 Störungstheorien, -modelle und Befunde

2.1 Störungstheorien und -modelle

Zahnbehandlungsphobie ist häufig das Resultat von Konditionierungsprozessen

In einer Studie von Öst (1987), in der Akquisitionswege unterschiedlicher Phobien untersucht wurden, entstand bei 68,3 % der Zahnbehandlungsphobiker die Störung durch klassische und operante Konditionierungsprozesse. In 13,3 % der Fälle wurde die Phobie durch Modelllernen vermittelt. Bei 5 % der Befragten waren Informationen oder Instruktionen zu Vorgängen während der Behandlung für die Störungsentstehung verantwortlich und 13,3 % der Zahnbehandlungsphobiker konnten sich überhaupt nicht an einen Auslöser erinnern. Die Ergebnisse der Auszählung wahrscheinlicher Akquisitionswege von Studienteilnehmern der von uns in den Jahren seit 2008 durchgeführten Untersuchungen mit nach DSM diagnostizierten Zahnbehandlungsphobikern ist der nachfolgenden Tabelle zu entnehmen (siehe Tab. 2).

Mit knapp 10 % ist der Anteil der Patienten, die sich den Ursprung ihrer Störung nicht erklären können, relativ hoch. Dies kann verschiedene Ursachen haben: Da die Zahnbehandlungsphobie häufig in der Kindheit ent-

Tabelle 2: Akquisition der Zahnbehandlungsphobie bei n = 272 Probanden

	Konditionierung				Modelllernen	Semantisches Lernen (Informationen/Mythen)	Nicht erinnerlich
n	216				24	6	26
%	79,4				8,8	2,2	9,6
davon	39[a]	15,4[b]	22,1[c]	2,9[d]			

Anmerkungen: a = Schmerzerfahrung; b = Kontrollverlust während der Behandlung; c = Kombination aus a und b; d = aggressives oder missbilligendes Arzt-/Personalverhalten

steht und die Ereignisse und Situationen des Furchterwerbs in vielen Fällen schon jahrzehntelang zurückliegen, ist verständlich, dass sie vergessen wurden. Noch wahrscheinlicher ist jedoch, dass in einigen Fällen die Assoziation zwischen Furcht und Zahnbehandlung im impliziten Gedächtnissystem, unter Einbezug der für die emotionale Tönung von Gedächtnisinhalten verantwortlichen amygdalären Strukturen, in sehr frühen Kindheitsphasen gebildet wurde. In dieser Lebensphase (etwa bis zur Vollendung des vierten Lebensjahrs) sind aber die für die Enkodierung explizit-deklarativer Gedächtnisinhalte erforderlichen hippokampalen Hirnstrukturen noch nicht ausreichend entwickelt. Die Folge ist, dass einige Patienten bei der Zahnbehandlung Angst haben, aber sich nicht bewusst an eine Situation erinnern können, in der sie gelernt wurde (siehe auch Hamm, 2006, in dieser Reihe).

Ein grundsätzliches Problem retrospektiver Erhebung subjektiver Störungsmodelle besteht allerdings darin, dass die bereits bestehende Angst zur Verzerrung der Gedächtnisinhalte führen kann. Dadurch besteht die Gefahr, dass Vorgänge während der Behandlung dramatisiert oder im Sinne einer Rechtfertigung der Furchtreaktion umgedeutet werden.

Bei der Erhebung der Störungsentstehung kann es zu retrospektiver Verzerrung kommen

2.1.1 Klassische und operante Konditionierungsprozesse

Die häufigste Ursache für die Entstehung einer Zahnbehandlungsphobie sind schlechte Erfahrungen im Behandlungskontext, die zumeist in jungen Jahren, aber auch in anderen Lebensphasen von den Betroffenen gemacht worden sind. Dabei handelt es sich entweder um sehr schmerzhafte Behandlungen oder Eingriffe, während derer die Patienten aus ihrer Sicht überhaupt keine Kontrolle mehr über die Abläufe hatten bzw. einer Kombination aus beidem. Kindheitsberichte von heute erwachsenen Patienten,

Zahnbehandlungsphobie kann durch ein einmaliges Konditionierungserlebnis entstehen

die im Behandlungsstuhl vom Personal niedergedrückt oder trotz großer Schmerzen gezwungen wurden, still zu halten, sind nach wie vor nicht selten. Dies legt einen Entstehungsprozess des assoziativen Lernens bzw. der klassischen Konditionierung nahe. Demgemäß wurde der ursprünglich neutrale Reiz, nämlich die Zahnbehandlung, durch die Assoziation mit einem aversiven Reiz, wie dem Schmerz oder der unwirschen Behandlung durch den Zahnarzt, zum konditionierten, Angst erregenden Stimulus. Bei den von uns untersuchten Patienten bildeten intensive Schmerzen während und nach der Behandlung mit 39 % den größten Anteil unter den aversiven Erfahrungen. In einer Untersuchung von Vassend (1993) berichteten etwa 30 % der Zahnbehandlungsphobiker von einem intensiven Schmerzerlebnis während der Behandlung. Dauerhafte phobische Ängste können auf diese Weise bereits nach einem einzigen aversiven Konditionierungsereignis zustande kommen.

Zur Chronifizierung der Störung trägt dann die Vermeidung maßgeblich bei. Durch den mit ihr verbundenen Angstrückgang bzw. dem Ausbleiben der phobischen Reaktion, stabilisiert sich das Vermeidungsverhalten im Sinne negativer operanter Verstärkerprozesse immer weiter und der Betroffene nimmt sich dadurch selbst die Möglichkeit, bessere und seine Befürchtungen korrigierende Erfahrungen im Behandlungsstuhl zu machen, sodass irgendwann überhaupt keine Konfrontation mehr mit phobierelevanten Stimuli (z. B. Medienberichten) oder der phobischen Situation möglich ist. Eine weitere negative Folge der Vermeidung furchtevozierender Themen ist die Ausprägung von Mythen und Fehlinformationen. So gehen die meisten Zahnbehandlungsphobiker, wahrscheinlich aufgrund ihrer subjektiv gefärbten Erfahrung, von der Tatsache aus, während einer Zahnbehandlung seien z. B. starke Schmerzen die Regel und nicht die Ausnahme und das in den Praxen verwendete Desinfektionsmittel rieche immer noch genau wie vor zwanzig Jahren. Auch durch solche Fehleinschätzungen und Annahmen wird die Angst aufrechterhalten und Vermeidungsverhalten weiter gefördert.

Vermeidungsverhalten wird über zwei Wege aufrechterhalten

Im Falle der Zahnbehandlungsphobie wird das Vermeidungsverhalten wahrscheinlich nicht nur über operante Verstärkerprozesse bezüglich der Furcht aufrechterhalten, sondern zusätzlich über Peinlichkeit und Scham vermittelt, die oftmals aus ästhetischen und kosmetischen Defiziten resultieren. Vermeidung führt langfristig zu Zahnschäden. Je schwerer und sichtbarer die Zahnschäden, desto unüberwindbarer ist für viele Patienten der Gang zum Zahnarzt, da zu der bereits bestehenden Angst vor dem Behandlungsprozedere nun auch noch die Furcht vor negativer Bewertung und die Scham vor der Offenbarung des ruinösen Zahnstatus hinzukommen. Die genannten Prozesse und Faktoren können die Dynamik erklären, mit der eine oft aufgrund nur einer aversiven Erfahrung initiierte phobische Entwicklung über Jahre aufrechterhalten wird und immer weiter chronifiziert.

2.1.2 Modelllernen

Eine Anzahl von Zahnbehandlungsphobikern berichten von einem Elternteil, in den meisten Fällen der Mutter, die ebenfalls vor Zahnarztbesuchen Angst hatte. Diese Angaben legen nahe, dass die Phobie über den Prozess des sozialen, Anteil nehmenden Lernens erworben wird (Bandura, 1977). Dementsprechend werden emotionale Reaktionen, ebenso wie das übrige Verhaltensrepertoire von Modellen, vor allem emotionalen Bezugspersonen, direkt gelernt. Gefühle werden durch Beobachtung von Gefühlsreaktionen und Verhaltensweisen gelernt. Auf diese Weise kann sich die Angst einer Mutter vor dem Zahnarztbesuch auf das Kind übertragen. Bei Tierphobikern gaben bis zu 27,5 % an, ihre Angst durch Modelllernen erworben zu haben (zit. Sartory, 1997).

Zahnbehandlungsphobie kann durch einen Elternteil „übertragen" werden

Es ist nicht auszuschließen, dass beide Prozesse, Modelllernen und klassische Konditionierung, bei der Entstehung der Zahnbehandlungsphobie zusammen wirken. So könnte ein durch das Vorbild der Mutter ängstlich gemachtes Kind empfindlicher auf eine unwirsche Behandlung durch den Zahnarzt oder leichte Schmerzen reagieren als ein Kind, dessen Mutter hinsichtlich der Zahnbehandlung unbekümmert ist. In jedem Fall sind diese beiden Prozesse die von den Betroffenen am häufigsten genannten.

2.1.3 Semantisches Lernen

Semantisches Lernen kommt bei einem kleinen Teil (vgl. Tab. 2) von Zahnbehandlungsphobikern als Ätiogenesefaktor in Betracht. So ist denkbar, dass z. B. Medienberichte von missglückten oder extrem schmerzhaften Zahnbehandlungen oder der im Jahr 2007 aufgedeckte Korruptionsskandal, im Zuge dessen einige Zahnärzte überführt wurden, billige im Ausland produzierte Zahnprothetik zu überteuerten Preisen ihren deutschen Klienten eingesetzt zu haben, bei einigen Personen ein Klima des Misstrauens und der Angst gegenüber Zahnbehandlungen erzeugen und sie deshalb vermieden werden. Die Katastrophenberichte reißerischer Formate tragen außerdem zu einer Fehlwahrnehmung und -einschätzung von Wahrscheinlichkeiten bezüglich negativer Konsequenzen während oder nach einer Zahnbehandlung bei. So wird der Entwicklung von Mythen z. B. hinsichtlich der Schmerzwahrscheinlichkeit oder der Empathieunfähigkeit von Zahnärzten oder dem Praxispersonal im Allgemeinen Vorschub geleistet.

„Schreckensberichte" über Zahnbehandlungen können zur Phobieentstehung beitragen

Auch wenn im Bereich der Zahnbehandlung hierzu noch konkrete Studienergebnisse fehlen, zeigt sich der Einfluss semantischer Lernprozesse bei anderen Phobien deutlich. So verdoppelt sich nach Angaben des Leiters des deutschen Flugangst-Zentrums (siehe z. B. Sellner, 2009) die Zahl der Personen die nach Behandlung ihrer Flugangst suchen oder angeben, ihre bereits bestehende Flugangst habe sich weiter verstärkt, regelmäßig nach Berichten von Flugzeugabstürzen. Auch Tierphobien scheinen zu einem relativ hohen Prozentsatz durch semantische Lernprozesse vermittelt zu werden. So gaben in einer Untersuchung von Öst und Hugdahl (1981) 15 % der diagnostizierten Tierphobiker an, niemals selbst schlechte Erfahrungen mit dem gefürchteten Tier gemacht zu haben, sondern die Furcht aufgrund der Kenntnis bestimmter „gefährlicher" Eigenschaften des Tieres erworben zu haben. Was die Zahnbehandlungsphobie betrifft, sind jedoch die in den vorherigen Abschnitten beschriebenen Konditionierungsprozesse deutlich gewichtigere Erwerbswege als Informationen und Medienberichte.

2.1.4 Persönlichkeitsdispositionen

Bereits seit längerer Zeit ist bekannt, dass die Aneignung phobischer Störungen durch Trait-Merkmale wie Angstneigung und Kontrollüberzeugung beeinflusst wird. Auch im Tierversuch ließen sich solche Zusammenhänge nachweisen. So erwies sich eine konditionierte Furchtreaktion bei einer durch selektive Züchtung hoch furchtsensitiven Rattenpopulation als wesentlich stabiler und löschungsresistenter gegenüber wenig furchtsensitiven Ratten, bei denen die Furchtreaktion teilweise überhaupt nicht konditionierbar war. Im Humanbereich liegt analog eine Vielzahl von Befunden vor, die bestätigt, dass Personen mit hohen Trait-, Angst- oder Neurotizismus-Werten aversiv konditionierte Reaktionen schneller erlernten als solche mit niedrigen Ausprägungen dieser Persönlichkeitsmerkmale, obwohl die Gesamtbefundlage diesbezüglich inkonsistent ist.

Zahnbehandlungsphobiker empfinden einen Mangel an Kontrolle während der Zahnbehandlung

Auch die Richtung der Kontrollüberzeugung erwies sich immer wieder als einflussreicher Faktor bei der Entstehung von Angststörungen (z. B. Solomon et al., 1989). Während ein externales Kontrollerleben mit der Überzeugung einhergeht, das eigene Schicksal sei durch Zufall, Vorsehung oder die Gunst- bzw. Missgunst anderer geprägt, glauben Personen mit interner Kontrollüberzeugung, die Lenkung ihrer Geschicke hänge im Wesentlichen von ihrem eigenen Handeln ab. Während sich eine internale Kontrollüberzeugung meist als Resilienzfaktor bezüglich der Entwicklung von Angststörungen erwies, war eine externale Kontrollüberzeugung in vielen Studien ein Risikofaktor für die Störungsentwicklung. In der genannten Untersuchung von Solomon et al. war die Richtung der Kontrollüberzeugung nach der objektiven Bedrohlichkeit der Gefechtserlebnisse zweitstärkster Faktor für die Entwicklung einer posttraumatischen Belastungsstörung (Zusammenfassung bei Sartory, 1997). Auch im Bereich der Zahnbehandlungsphobie wurde der Zusammenhang zwischen Furchtintensität und wahrgenommener Kontrollierbarkeit, bzw. dessen Ausbleiben untersucht (Baron & Logan, 1993). Dementsprechend empfinden Zahnbehandlungsphobiker einen Mangel an Kontrolle und den Wunsch nach mehr Kontrolle über den Prozess der Zahnbehandlung. Brunsman et al. (2003) stellten mit dem Iowa Dental Control Index einen Fragebogen zusammen (vgl. Anhang, S. 85), mit dem die Kontrollaspekte erfassbar gemacht werden. Bei einer faktorenanalytischen Untersuchung einer Anzahl von Fragebogenmaßen, zeigten wahrgenommener Mangel an Kontrolle und Kontrollwunsch inverse Ladungen und konstituierten gemeinsam mit der Ausprägung dysfunktionaler Kognitionen einen varianzstarken Faktor der Zahnbehandlungsangst (Sartory et al., 2006).

2.2 Befunde

2.2.1 Subjektive Angst und dysfunktionale Kognitionen

Subjektive Angstreaktionen sind unterschiedlich stark bei verschiedenen zahnbehandlungsbezogenen Reizen. In einer Untersuchung (Schmid-Leuz et al., 2007) wurden 63 Phobikern verschiedene Zahnbehandlungsinstrumente dargeboten und nach der Einschätzung ihrer Angstreaktion auf einem „Angstthermometer" von 0 bis 100 gefragt. Vorgelegt wurden eine Zahnbehandlungssonde, eine Spritze, eine Zange und ein Bohrer. Wie in Abbildung 3 dargestellt, erregte der Anblick des Bohrers die größte Angst. Zange und Spritze wurden beängstigender eingeschätzt als die Sonde (pre). Alle Instrumente wurden jeweils für 15 Minuten dargeboten, wonach die subjektive Angst vor ihnen erneut eingeschätzt werden sollte (post). Es konnte bei allen Instrumenten ein Rückgang festgestellt werden. Eine neuerliche Befragung eine Woche später (follow up), ergab hinsichtlich der Einschätzung auf den Bohrer einen Rückfall, während die Angstreduktion auf die anderen Instrumente Stabilität aufwies. Diese Daten weisen damit auch darauf hin, dass eine unzureichende Angstreduktion nach der Behandlung zu einem Rückfall führen kann.

Angst vor Zahnbehandlungsutensilien unterschiedlich

Zahnbehandlungsphobiker berichten auch von häufig auftretenden negativen Gedanken über bedrohliche Inhalte hinsichtlich der Zahnbehandlung. De Jongh et al. (1995a) stellten solche *dysfunktionalen Kognitionen* in einem Fragebogen zusammen (vgl. Anhang, S. 83 f.) und erfassten die Häufigkeit ihres Vorkommens und die Überzeugung ihrer Richtigkeit bei Phobikern und nicht phobischen Kontrollpersonen. Die Feststellungen betrafen generell Einstellungen über Zahnbehandlung („Dem Zahnarzt ist es egal, wenn es weh tut") und zu sich selbst („Ich sollte mich meiner Zähne schämen") wie auch Gedanken, die während der Zahnbehandlung auftreten („Ich kann diese Behandlung nicht lange aushalten"). Zahnbehandlungsphobiker gaben bei fast allen Feststellungen an, sie häufiger zu denken als Nicht-

Zahnbehandlungsphobie geht mit dysfunktionalen Kognitionen einher

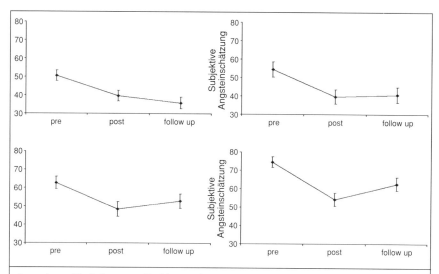

Anmerkung: Nach der ersten Darbietung der Instrumente (pre) wurden sie für jeweils 15 Minuten von den Patienten betrachtet, wonach eine weitere Angsteinschätzung stattfand (post). Nach einer Woche (follow up) schätzten die Phobiker ihre Angst neuerlich ein. Der Bohrer erwies sich als das die größte Angst erregende Zahnbehandlungsinstrument.

Abbildung 3: Subjektive Angsteinschätzung hinsichtlich der Zahnbehandlungsinstrumente Sonde, Spritze, Zange und Bohrer mit dem „Angstthermometer" (0 bis 100) (Schmid-Leuz et al., 2007).

Phobiker und hielten sie auch für glaubwürdiger. Es wird angenommen, dass die Häufigkeit, mit der solche dysfunktionalen Gedanken auftreten, die Phobie aufrechterhält.

2.2.2 Biologische Reaktionen

Zahnbehandlungsphobiker reagieren mit erhöhter HR auf phobierelevante Reize

Wie bei anderen spezifischen Phobikern tritt auch bei Zahnbehandlungsphobikern während der Darbietung von phobisch-relevanten Reizen eine Beschleunigung der *Herzrate (HR)* auf. Dies scheint sowohl auf akustische wie auch visuelle Reize zuzutreffen. In einer Untersuchung wurden 90 Zahnbehandlungsphobikern und 30 Nicht-Phobikern behandlungstypische Geräusche wie die eines Bohrer oder das Kratzen einer Sonde dargeboten (Sartory et al., 2009). Als Kontrollgeräusche ertönten in der gleichen Lautstärke verschiedene Arten von Vogelgesang. Die dabei abgeleitete HR-Reaktion zeigte nur bei den Phobikern und nur auf die Behandlungsgeräusche eine Beschleunigung (vgl. Abb. 3). Bei der Kontrollgruppe und auf den Vogelgesang stellte sich eine HR-Verlangsamung ein, was auf eine Orientierungs-(Aufmerksamkeits-)Reaktion hinweist. Ein ähnliches HR-Reaktionsmuster ist bei Zahnbehandlungsphobikern auch beim Anblick von Bildern

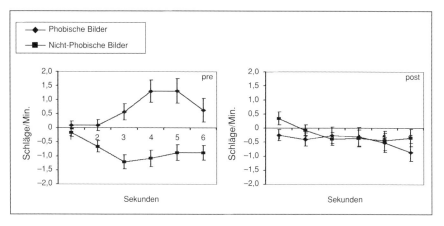

Abbildung 4: Herzraten (HR)-Reaktion von Zahnbehandlungsphobikern auf phobierelevante und neutrale Bilder vor und nach einer einstündigen Konfrontation mit phobischen Reizen. Zu Beginn zeigen Phobiker HR-Beschleunigung auf phobiebezogene Bilder, die während der Konfrontation habituiert (Schmid-Leuz et al., 2007).

von Zahnbehandlungsszenen und -instrumenten festzustellen. Abbildung 4 zeigt die HR-Reaktion von 63 Phobikern auf phobierelevante und emotional neutrale Bilder vor und nach einer einstündigen Konfrontation mit relevanten Reizen (Schmid-Leuz et al., 2007). Nach der Behandlung unterscheiden sich die HR-Reaktionen auf die beiden Reiztypen nicht mehr. Wie auch bei anderen spezifischen Phobien tritt somit auch bei der Zahnbehandlungsphobie eine vegetative Reaktion auf phobiebezogene Reize auf, die während einer Konfrontationsbehandlung habituiert.

Nicht nur Phobiker empfinden während der Zahnbehandlung Unbehagen, auch Zahnärzte geben an, sich durch ängstliche Patienten beeinträchtigt zu fühlen. Einer der Gründe liegt in der Schreckhaftigkeit der Patienten, die für die Behandlung ein Risiko darstellt. In einer Untersuchung an 90 Zahnbehandlungsphobikern und 30 Nicht-Phobikern sollte festgestellt werden, ob ein Zahnbehandlungskontext bei den Phobikern zu einer erhöhten *Schreckreaktion* führt (Sartory et al., 2009). Der Kontext wurde durch die Darbietung von behandlungsbezogenen Geräuschen wie dem eines Zahnbohrers hergestellt und mit Vogelgesang als Kontrollbedingung verglichen. Als Schreckreaktion wurde die elektromyographische (EMG) Lidschluss-Reaktion auf ein Knallgeräusch in den beiden Kontextbedingungen erhoben. Wie der Abbildung 5 zu entnehmen ist, zeigten Phobiker im Kontext der Zahnbehandlungsgeräusche verglichen mit dem des Vogelgesangs eine erhöhte Schreckreaktion. Überraschend reagierten jedoch die Nicht-Phobiker. Da auch sie die zahnbehandlungsbezogenen Geräusche als unangenehm beurteilt hatten, wurde angenommen, dass sie ebenfalls eine erhöhte Schreckreaktion zeigen

Zahnbehandlungsphobiker zeigen im phobierelevanten Kontext erhöhte Schreckreaktionen

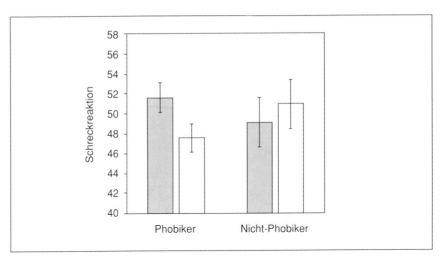

Abbildung 5: Lidschlag-Schreckreaktion von Zahnbehandlungsphobikern und Nicht-Phobikern in einem Kontext phobischer (Zahnbehandlungsgeräusche/dunkle Balken) und neutraler (Vogelgesang/helle Balken) Geräusche. Phobiker zeigen eine erhöhte Schreckreaktion während der Zahnbehandlungsgeräusche, während Nicht-Phobiker diese hemmen.

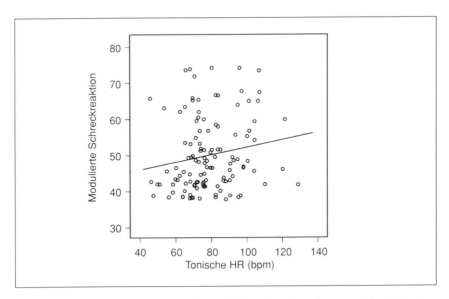

Abbildung 6: Streudiagramm der tonischen HR vor dem Experiment und der Schreckreaktion während zahnbehandlungsbezogener Reize bei Phobikern. Eine erhöhte, vermutlich durch Erwartungsangst bedingte, tonische HR führt zu erhöhter Schreckhaftigkeit (Sartory et al., 2009).

würden, doch hatten sie im Vergleich zum Vogelgesangskontext eine verminderte Schreckreaktion. Es ist zu vermuten, dass Nicht-Phobiker gelernt haben, plötzliche Bewegungen und so auch Schreckreaktionen während der Zahnbehandlung zu unterdrücken, wozu Phobiker nicht in der Lage sind.

Das Ausmaß der Schreckreaktion war bei den Phobikern mit der Höhe ihrer tonischen HR vor Beginn des Experiments positiv korreliert (vgl. Abb. 6). Das anfängliche HR-Niveau kann als Ausmaß der Erwartungsangst angesehen werden, womit die antizipatorische Angst vor der Zahnbehandlung zur Schreckhaftigkeit während deren Durchführung beitragen könnte. Da die Schreckreaktion vornehmlich auf plötzlich einsetzende Reize auftritt, könnte sie während der Zahnbehandlung verhindert werden, indem die Patienten vor der Inbetriebnahme von geräuschvollen Geräten gewarnt werden.

Das Ausmaß der Schreckreaktion hängt mit der Erwartungsangst zusammen

2.2.3 Vermeidung

Die *Vermeidung* der Zahnbehandlung ist eines der diagnostischen Kriterien der Zahnbehandlungsphobie. Dennoch vermeiden manche Patienten die Zahnbehandlung in stärkerem Ausmaß als andere. Auch unter anderen

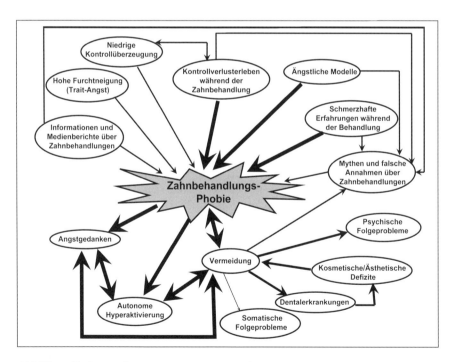

Abbildung 7: Integratives Entstehungs- und Aufrechterhaltungsmodell der Zahnbehandlungsphobie (die Pfeildicke kennzeichnet die Stärke des vermuteten Zusammenhangs).

> **Vermeidung der Zahnbehandlung ist teilweise durch den Mangel an wahrgenommener Kontrolle bedingt**

spezifischen Phobikern wurde kein direkter Zusammenhang zwischen der subjektiven Angst und dem Vermeidungsverhalten festgestellt (Sartory et al., 1990). Es scheinen somit zusätzliche Faktoren an der Vermeidung beteiligt zu sein, deren Erfassung für die Behandlung von Nutzen sein könnte. In einer Untersuchung an 48 Zahnbehandlungsphobikern wurde die Einhaltung von drei Behandlungsterminen mit einer Anzahl anderer, vorher erhobener Variablen in Beziehung gesetzt (Sartory et al., 2006). Der Differenzwert zwischen wahrgenommener und erwünschter Kontrolle über den Behandlungsverlauf erwies sich als einziger Prädiktor der darauf folgenden Einhaltung der Behandlungstermine. Je weniger Kontrolle die Patienten zu haben glaubten und je mehr sie sich dies wünschten, desto eher brachen sie die Zahnbehandlung ab. Daraus kann der Schluss gezogen werden, dass Patienten sich umso eher einem Behandlungsvorgehen unterwerfen, je mehr Kontrolle ihnen über die Bedingungen, etwa die Vorgehensgeschwindigkeit, vermittelt wird. Kontrollierbarkeit hat sich auch bei anderen spezifischen Phobien als Angst reduzierend erwiesen.

Abbildung 7 stellt zusammenfassend ein integratives Entstehungs- und Aufrechterhaltungsmodell der Zahnbehandlungsphobie dar.

3 Diagnostik und Indikation

3.1 Diagnostische Verfahren

> **Es liegen valide und reliable Maße zur Erfassung der subjektiven Angstintensität, dysfunktionaler Annahmen und dem Kontrollerleben bei Zahnbehandlungen vor**

Zur Primärdiagnostik der Spezifischen Phobie eignen sich im deutschsprachigen Raum zwei semi-strukturierte Interviewleitfäden, die sich beide am von der American Psychiatric Association (APA) entwickelten und fortlaufend überarbeiteten nosologischen Klassifikationssystem DSM-IV orientieren. Das Diagnostische Interview bei Psychischen Störungen (DIPS, Schneider & Margraf, 2006) liegt aktuell in der dritten Auflage vor und akzentuiert die Diagnostik der Angststörungen gegenüber dem SKID, beispielsweise indem es für die meisten Angststörungen noch störungsrelevante Zusatzinformationen (z. B. über Orte oder Situationen) in katalogisierter Form zur diagnostischen Erfassung bereithält. Im Bereich der Spezifischen Phobien enthalten sowohl DIPS als auch SKID Screeningfragen zu allen Subtypen Spezifischer Phobien. Berichtet der Proband situations- oder objektgebundene Furcht, wird das Vorhandensein aller zur Diagnosestellung der Phobie notwendigen Kriterien in Form von Interviewfragen für den jeweiligen Bereich erfasst. Ist die Zahnbehandlungsphobie klassifikatorisch diagnostiziert, stehen einige störungsspezifische Selbstbeurteilungsmaße zur Verfügung, die zusätzliche Informationen zum Schweregrad, dem Vorhandensein dysfunktionaler sowie antizipatorischer Kognitionen und dem Ausmaß der Zahnbehandlungsangst im Kontext der Behandlung geben. Folgende Fragebogeninstrumente stehen zur Verfügung.

Dental Anxiety Scale (DAS; Corah, 1969; Deutsche Version übersetzt von den Autoren, vgl. Anhang, S. 82). Dieser Selbsteinschätzungsfragebogen ist das am häufigsten eingesetzte Instrument in der Zahnbehandlungsphobieforschung und besteht aus vier Items in Bezug auf die Zahnbehandlung. Die Patienten werden aufgefordert, einzuschätzen, wie ängstlich sie in den beschriebenen Situationen wären. Die Spannweite der Punktwerte variiert zwischen 4 und 20. Corah et al. (1978) berichteten einen Mittelwert von 9.1 bei einer unselektierten Stichprobe von 2.103 Personen, wobei Frauen signifikant höhere Punktwerte aufwiesen (M = 9.5) als Männer (M = 8.6). Zahnbehandlungsphobiker hatten im Mittel einen Wert von 17.2 (SD = 1.80). Ein Punktwert von 15 gilt als Cut-off-Wert für hohe Ängstlichkeit (Corah et al., 1978). Cronbachs α als Maß interner Konsistenz liegt bei .80 (Sartory, et al., 2006). Die DAS trennt gut zwischen Phobikern und Nicht-Phobikern, sollte jedoch nicht als alleiniges Diagnoseinstrument eingesetzt werden, da sie Vermeidungs- und physiologische Furchtkomponenten nicht erfasst. Ein Kritikpunkt der DAS ist deren geringe Itemanzahl und Varianzbreite. Dadurch kommt es bei der Erfassung von Unterschieden im hochphobischen Messspektrum schnell zu Deckeneffekten.

> Die DAS erlaubt mittels Cut-off-Wert-Bestimmung eine valide und schnelle Selektion von zahnbehandlungsängstlichen Patienten

Dental Fear Survey (DFS; Kleinknecht et al., 1973; deutsche Übersetzung Tönnies et al., 2002). Das DFS wurde ursprünglich zur Messung von Trait- und/oder State-Zahnbehandlungsängsten entwickelt und vornehmlich zur differenzialdiagnostischen Untersuchung von Zahnbehandlungsphobikern eingesetzt. Es besteht aus 20 Items, welche die faktorengestützen Dimensionen
1. Angstbedingte Verhaltensweisen,
2. körperliche Reaktionen und
3. Angstemotionen

während einer Zahnbehandlung abfragen. Die Auszählung der im fünfstufigen Likert-Format erfassten Antwortskalen ergeben Punktwerte zwischen 20 („überhaupt keine Angst") bis 100 („sehr große Angst"). Durchschnittswerte in der Allgemeinbevölkerung liegen zwischen 37 und 38. Die Autoren empfehlen Patienten mit Punktwerten >60 bereits der Gruppe sehr ängstlicher Patienten zuzuordnen. Die Reliabilität der DFS-Gesamtskala liegt bei Cronbachs α = .95.

Hierarchischer Angstfragebogen (HAF; Jöhren, 1999, vgl. Anhang, S. 86). Dieser Selbstbeurteilungsfragebogen besteht aus elf hierarchisch angeordneten Situationen, die Zahnbehandlungsphobiker typischerweise fürchten. Die Patienten sollen zu jeder Situation die Höhe ihrer Angst zwischen 1 und 5 angeben. Die Werte variieren zwischen 11 und 55. Ein Punktwert von 35

> Der HAF erfasst antizipatorische und situative Furcht

kann als Cut-off-Wert für Zahnbehandlungsphobie betrachtet werden (Jöhren & Sartory, 2002). Die interne Konsistenz wird mit Cronbachs α = .80 angegeben (Sartory et al., 2006). Untersuchungen zur Struktur des HAF legen einen zweifaktoriellen Aufbau nahe, wobei antizipatorische und situative Furcht unterschieden werden können. Der Informationszuwachs des HAF gegenüber der DAS besteht in der Erfassung der situativen Angst in sechs verschiedenen Behandlungssituationen.

> Die Daten des DCQ liefern dem Diagnostiker therapierelevante Informationen über kognitive Furchtaspekte

Dental Cognitions Questionnaire (DCQ, De Jongh et al., 1995a, deutsche Übersetzung von den Autoren, vgl. Anhang, S. 83). Der DCQ besteht aus 38 negativen Annahmen und Selbstaussagen in Bezug auf Stimuli mit Zahnbehandlungsbezug, wie Zähne, Arzt und Behandlungsprozedur. Die erste Sektion des DCQ enthält eine Liste von Items, die Einstellungen hinsichtlich des Zahnarztes und des Zustands der eigenen Zähne beinhaltet und mit dem Satz „Wenn mir in Kürze eine Zahnbehandlung bevorsteht, dann denke ich …" eingeleitet wird. Der zweite Abschnitt enthält 24 negative Annahmen und Selbstaussagen die während der Zahnbehandlung auftauchen können. „Während der Zahnbehandlung denke ich, dass …". Der Proband wird bei allen Items aufgefordert, zunächst dichotom zwischen Zustimmung und Ablehnung zu unterscheiden. Aus der Menge der mit „ja" beantworteten Items lässt sich dann ein Frequenz-Score ermitteln (von 0 bis 38). Des Weiteren soll der Proband bei jedem positiv beantworteten Item noch das Ausmaß seiner Zustimmung in Prozent angeben. Der gemittelte Prozentwert lässt sich dann als Überzeugungs-Score abbilden. Die Autoren berichten Mittelwerte der Frequenzskala von 22,5 (SD = 6,7) in einer phobischen Validierungsstichprobe, gegenüber 9,6 (SD = 3,2) bei Nicht-Phobikern. Ein ähnliches Bild ergab sich für die Überzeugungsskala. Auch hier war der Wert der Phobiker mit 50,1 (SD = 16,3) deutlich höher als in der Kontrollgruppe (M = 19,4; SD = 11,7). Die Items des DCQ konstituieren einen Faktor „dysfunktionale Annahmen" mit ca. 63 % Varianzaufklärung. Mit Cronbachs α = .89 für die Frequenz-Skala und Cronbachs α = .95 für die Überzeugungsskala verfügt der DCQ über eine gute bis sehr gute Reliabilität. Für die klinische Arbeit und zur Exploration von Angstgedanken erscheint uns (Anm. der Autoren) die Frequenzskala allerdings wesentlich geeigneter und auch reliabler (siehe z. B. Sartory et al., 2006), da die Intensität eines Angstgedankens wahrscheinlich mit der Kontiguität zur Furchtsituation variieren dürfte. Das Vorhandensein von furchtsamen Gedanken, deren Anzahl und inhaltliche Erfassung über die Frequenz-Skala und die augenscheinliche Itemanalyse (z. B. gemeinsam mit dem Patienten, siehe Kapitel 6) liefern wichtige Informationen über die Beschaffenheit kognitiver Furchtanteile.

> Der IDCI-R misst die Höhe des Kontrollbedürfnisses und das Ausmaß erlebter Kontrolle während einer Zahnbehandlung

Iowa Dental Control Index – Revised (IDCI-R; Brunsman et al., 2003; deutsche Version übersetzt von den Autoren, vgl. Anhang, S. 85). Dieser Selbstbeurteilungsfragebogen besteht aus neun Items und ist eine Weiterentwicklung des von Logan et al. (1991) vorgestellten IDCI. Fünf Items des IDCI-R erfassen den Wunsch nach Kontrolle (Kontrollbedürfnis) während der Zahnbehandlung (z. B. „Wieviel Kontrolle hätten Sie gerne über das Geschehen während Ihrer Zahnbehandlung?"), die anderen vier erfassen die tatsächlich wahrgenommene Kontrolle (Kontrollerleben) während einer Zahnbehandlung (z. B. „Inwieweit glauben Sie, kontrollieren zu können, was mit Ihnen während einer Zahnbehandlung passiert?"). Die Items werden von 1 (keine) bis 5 (totale Kontrolle) bewertet, die Bewertungen summiert und durch die Itemanzahl dividiert. Die Retest-Reliabilitäten werden mit $r = .78$ (Kontrollwunsch) bzw. $r = .80$ (Kontrollerleben) angegeben. Personen mit starkem Kontrollwunsch und geringer wahrgenommener Kontrolle im IDCI zeigten erhöhte Belastung bei Zahnbehandlung (Logan et al., 1991). Dieser Befund wurde auch mit dem IDCI-R bestätigt.

3.2 Indikation und differenzielle Indikation

Wie bereits bei den Ausführungen zur Differenzialdiagnostik erwähnt, sollte die behandlungsbedürftige phobische Störung von der meist nur mit milden Symptomen auf der kognitiven Ebene einhergehenden subklinischen Zahnbehandlungsangst abgegrenzt werden, die in der Regel keine therapeutischen Interventionen erfordert. Abbildung 8 veranschaulicht Fragen, die dem Kliniker bei der Feststellung der Behandlungsbedürftigkeit von Zahnbehandlungsangst dienlich sein können (vgl. auch die Karte „Besteht eine behandlungsbedürftige Zahnbehandlungsphobie?" im Anhang des Buches).

Zur Gewinnung der für die Indikationsentscheidung notwendigen Informationen werden sowohl die klinischen Interviews und das oben beschriebene Fragebogenmaterial, als auch die direkte Exploration des Patienten benötigt. So liefert z. B. die Darbietung einer Testbatterie bestehend aus DAS, DCQ und IDCI-R wichtige Hinweise auf das Ausmaß der subjektiven Angstintensität, bestehende dysfunktionale Kognitionen und die Diskrepanz zwischen Kontrollbedürfnis und wahrgenommener Kontrolle in der Behandlungssituation.

Die Fragebögen DAS, DCQ und IDCI-R liefern umfangreiche diagnostische Information

Eine valide Einschätzung körperlicher Furchtkomponenten kann über die Messung der Pulsratenreaktion auf phobische Reize oder In-vivo-Beobachtungen in der Furchtsituation gewährleistet werden. Ist dies im therapeutischen Setting nicht möglich, geben auch sehr verhaltensnahe Fragen im Explorationsgespräch Aufschluss über subjektiv wahrgenommene körperliche Furchtreaktionen:

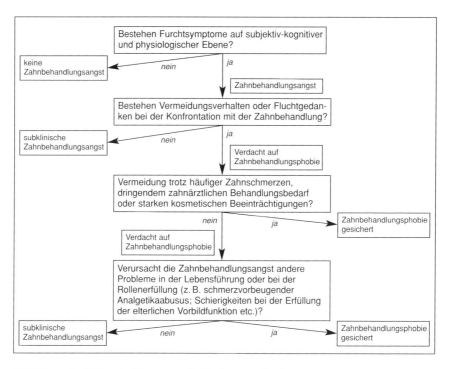

Abbildung 8: Hilfreiche Fragen zur Indikationsentscheidung

> Stellen Sie sich bitte einmal vor, Sie sitzen im Zahnarztstuhl. Jeden Moment könnte die Tür aufgehen, Arzt und Helferin den Raum betreten und die Behandlung beginnen. Woran merken Sie in diesem Augenblick körperlich, dass Sie Angst haben?

Die aus der Zahnbehandlungsphobie resultierende Alltagsbeeinträchtigung ist gründlich zu explorieren

Auch die Subskala „Körperliche Reaktionen" der DFS liefert hierzu hilfreiche Informationen. Aus der Zahnbehandlungsangst resultierende Einschränkungen in der Lebensführung und Folgeprobleme werden zwar in den standardisierten Diagnoseinterviews bereits zum Teil erfasst, zusätzlich sollten sie aber auch im Explorationsgespräch und etwas späteren Therapiephasen nochmals zum Thema gemacht werden, da einige Patienten zunächst gar nicht erkennen, wie weit reichend die Phobie oder deren ästhetische Folgen z. B. ihre soziale Interaktion beeinträchtigen. Einige Patienten empfinden diesbezüglich große Scham und sind deshalb in der meist noch recht formalen Interviewsituation zu Therapiebeginn noch nicht bereit, solche Schwierigkeiten zu thematisieren, die sich zuweilen z. B. bis in intime partnerschaftliche Kommunikation hineinziehen.

4 Behandlung

Bei den hier vorgestellten Interventionen handelt es sich um hoch spezifizierte und oftmals relativ kurze Interventionen, deren Ziel es ist, die Furcht vor Zahnbehandlungen zu reduzieren bzw. deren Vermeidung abzubauen. Wie im Falle der meisten phobischen Störungen haben sich sowohl konfrontative als auch auf der Vermittlung von Coping-Strategien beruhende Verfahren diesbezüglich als wirksam erwiesen. Die Ergebnisse einiger Studien weisen darüber hinaus auch hypnotherapeutischen und rein kognitiven Strategien Angst reduzierende Effekte nach (siehe Kapitel 5).

In der Folge werden die verschiedenen eingesetzten Verfahren und ihre Wirksamkeit beschrieben. Wie bei anderen Phobien auch, kommen im Wesentlichen drei Ansätze zur Anwendung, *Konfrontationsverfahren*, bei denen die Angst durch Habituation gelindert wird, *Stressimpfungstraining*, bei dem den Patienten Fertigkeiten zur Bewältigung der Angst vermittelt werden, und *kognitive Umstrukturierungsmethoden*, bei denen die Einstellungen der Patienten hinsichtlich ihrer Gefährdung verändert werden. In der Praxis werden alle drei Methoden zusammen eingesetzt, bzw. derjenigen Methode der Vorzug gegeben, die für die Symptomatik der jeweiligen Patienten angebracht erscheint oder auf die die Patienten am besten ansprechen. Die Mehrzahl kontrollierter Behandlungsuntersuchungen bediente sich kognitiv-verhaltenstherapeutischen Interventionen. Kvale et al. (2004) identifizierten 31 von den 38 der in ihrer Metaanalyse aufgenommenen Untersuchungen als kognitiv-verhaltenstherapeutisch. Dennoch soll hier zusätzlich kurz auf die Hypnose- und die medikamentöse Behandlung der Zahnbehandlungsphobie eingegangen werden.

Kognitive Verhaltenstherapie ist bei Zahnbehandlungsphobie hoch erfolgreich

4.1 Behandlungseinführung

Anders als bei den meisten anderen Störungen, ist bei Zahnbehandlungsphobie der Zeitfaktor wesentlich. Die Mehrzahl der Patienten bedarf dringend der Zahnbehandlung und begibt sich nur deshalb in psychologische Behandlung, weil der Zahnschmerz unerträglich und damit der Besuch beim Zahnarzt unerlässlich wurde. Aus diesem Grund müssen die Diagnostik und psychotherapeutische Intervention wohl gründlich aber gleichzeitig möglichst rasch durchgeführt werden. Bei Anwendung von Konfrontationsverfahren *in vivo* ist daher die rechtzeitige Beschaffung eines entsprechenden Videos, der Zahnbehandlungsutensilien bzw. der Zugang zur Praxis eines verständnisvollen Zahnarztes ratsam. Sollten die Patienten bei keinem Zahnarzt registriert sein, sollte der Therapeut bei der Suche nach

Die Therapie ist kurz

einem, über die Problematik der Zahnbehandlungsphobie „aufgeklärten" Zahnarzt, behilflich sein. Die in der Folge dargestellte Informationsvermittlung über die Zahnbehandlungsphobie kann bei allen Behandlungsmethoden angewandt werden.

Informationsvermittlung

<small>Die Informationsvermittlung sollte inhaltlich vier Aspekte umfassen</small>

Patienten mit Zahnbehandlungsphobie haben in der Regel nur geringe Kenntnisse über psychische Störungen. Daher müssen sie zu Beginn der Behandlung Information über ihre Störung erhalten. Da viele Patienten die bloße Anwesenheit bei einem Psychologen als bedrohlich empfinden und daher das Mitgeteilte nur teilweise verarbeiten bzw. behalten, kann es vorteilhaft sein, den Patienten eine kurze schriftliche Zusammenfassung für die spätere Lektüre zu Hause mitzugeben. Folgende Inhalte sollten berücksichtigt werden:
- Was versteht man unter einer Zahnbehandlungsphobie?
- Was ist Angst? Wozu dient sie?
- Wie entstehen Phobien? Woraus besteht das persönliche Bedingungsmodell des Patienten?
- Wie kann man die Zahnbehandlungsphobie behandeln? Wie hoch ist die Erfolgsrate?

Was versteht man unter einer Zahnbehandlungsphobie?

Den Patienten wird das Ergebnis der diagnostischen Untersuchung, nämlich dass sie unter einer Zahnbehandlungsphobie leiden, mitgeteilt. Gleichzeitig soll ihre Einstellung gegenüber der Störung „normalisiert" werden, sollten sie sich durch eine solche Diagnose in ihrem Selbstwertgefühl beeinträchtigt sehen.

Folgende Informationen werden vermittelt:
- Die Zahnbehandlungsphobie ist eine Angststörung, die das Leben der davon Betroffenen stark beeinträchtigen kann. Abgesehen von dem Unbehagen, das die Betroffenen erleiden, kann die damit verbundene Vermeidung der Zahnbehandlung die Gesundheit der Zähne und auch andere Bereiche der körperlichen Gesundheit stark in Mitleidenschaft ziehen.
- Zahnbehandlung wird von den meisten Personen als unangenehm erachtet. Bis zu 80 % der Allgemeinbevölkerung gibt an, Unbehagen dabei zu empfinden.
- Bis zu 5 % der Allgemeinbevölkerung leidet an so starker Zahnbehandlungsangst, dass Zahnarztbesuche langfristig vermieden werden.

<small>Angststörungen treten häufig auf</small>

Patienten sind oft in Unkenntnis darüber, dass Angst- und andere psychische Störungen sehr häufig auftreten. Epidemiologische Untersuchungen ermittelten Prävalenzraten von 15 bis 20 % aller Menschen, die im Laufe ihres

Lebens an einer Angststörung leiden (Barlow, 2002). Ebenso wie man körperlich erkranken kann, kann bei jedem auch eine psychische Störung entstehen. Und ebenso wie manche Personen eine bestimmte körperliche Krankheit erleiden und andere eine andere, kann jeder an einer bestimmten psychischen Störung und andere Personen an anderen erkranken. Angststörungen zählen dabei zu den häufigsten Störungen. Sie sind nicht ein Zeichen von Schwäche oder Feigheit und man trägt auch keine persönliche Schuld daran, eine Angststörung entwickelt zu haben. Viele berühmte und erfolgreiche Menschen haben unter Angststörungen gelitten. So wird z. B. von König Ludwig II. von Bayern berichtet, dass er eine Zahnbehandlungsphobie hatte.

Was ist Angst? Wozu dient sie?

Es wird den Patienten vermittelt, dass Angst eine alltägliche und sehr sinnvolle Reaktion auf Gefahr darstellt, die für das Überleben von großem Nutzen ist. Sie hilft uns, Bedrohungen vorherzusagen, rechtzeitig wahrzunehmen und beschleunigt unsere Reaktionen, mit denen wir diesen entgehen bzw. sie unschädlich machen können. So verhindern wir z. B. durch angebrachte Maßnahmen, dass ein Feuer in unserem zu Hause ausbrechen kann, wenn es jedoch der Fall ist, müssen wir schnell handeln, d. h. entscheiden, ob wir es selbst löschen können, oder uns stattdessen in Sicherheit bringen sollen. Zusammen mit der Angst treten eine Anzahl von körperlichen Reaktionen auf, der Puls schlägt schneller, der Blutdruck steigt und so werden auch die Muskel besser mit Blut versorgt, um für eine etwaige Fluchtreaktion gerüstet zu sein. Schwitzen und Zittern können weitere körperliche Symptome sein, ebenso wie die starke Ausrichtung der Aufmerksamkeit auf die Gefahrenquelle. Die Stärke der Angstreaktion ist gewöhnlich der jeweiligen Bedrohung einer Situation angepasst und somit angemessen. Allerdings kann sich die Angst auch von dem tatsächlichen Ausmaß der bestehenden Gefahr „ausklinken" und unangemessen intensiv werden. Das ist bei Phobien der Fall.

Angst ist eine alltägliche und sinnvolle Emotion

Wie entstehen Phobien?

Es wird den Patienten vermittelt, dass die Mehrzahl der spezifischen Phobien in der Kindheit durch unangenehme Erlebnisse mit bestimmten Situationen oder Objekten, bzw. Tieren entsteht, auf die nachher mit phobischer Angst reagiert wird. So können Kinder, die schmerzhaft von einem Hund gebissen wurden, eine Hundephobie entwickeln. Zu diesem Zeitpunkt sollten Patienten nach ihren Kindheitserlebnissen beim Zahnarzt befragt werden, ob ihre Mutter oder Eltern Angst vor Zahnbehandlung hätten und wann die Zahnbehandlungsangst bei ihnen einsetzte. Je nach den individuellen Angaben, kann den Patienten erklärt werden, dass ihre Zahnbehandlungsangst durch den betreffenden Elternteil an sie „weitergegeben"

Wie entstand die Phobie beim zu behandelnden Klienten?

wurde, d. h. dass sie z. B. die Angst der Mutter beobachtet hätten und damit selbst ängstlich wurden. (Nun sei es aber an der Zeit, diese Angst nicht nochmals an die eigenen Kindern „weiterzugeben"). Wenn Patienten ein schmerzhaftes Erlebnis bei einem ersten Zahnarztbesuch berichten, kann erläutert werden, dass die schmerzstillenden Methoden früher nicht so ausgereift waren, wie das jetzt der Fall ist.

Wie wird die Phobie beim zu behandelnden Klienten aufrecht erhalten?

Gleichzeitig wird den Patienten vermittelt, dass die Erkenntnis der auslösenden Ereignisse allein keine Linderung der Angst bewirkt. Stattdessen gilt es die Verhaltensweisen und Einstellungen zu verändern, die dazu beitragen, dass die Phobie aufrechterhalten bleibt. Das sind einerseits die Vermeidung der Zahnbehandlung und andererseits „falsche" Ansichten darüber.

Erstellung eines individuellen „Bedingungsmodells"

Zu diesem Zeitpunkt soll auf die individuelle Vermeidungsgeschichte der Patienten eingegangen werden:
- Wie lange waren die Patienten nicht mehr bei einem Zahnarzt?
- Hatten sie Notfallbehandlungen unter Narkose?
- Haben sie Schmerzen empfunden?
- Wie viele Zähne bedürfen zur Zeit der Behandlung?

Tabelle 3: Überblick über Themenbereiche der Psychoedukationsphase

Information	Themen
Was ist eine Zahnbehandlungsphobie?	– Sie ist gekennzeichnet von Angst vor Zahnbehandlung und deren Vermeidung – Sie kann schwerwiegende Folgen für die Gesundheit haben – Phobien treten häufig auf – Sie sind kein Zeichen der Schwäche
Was ist Angst?	– Angst ist eine sinnvolle, normale Reaktion – Die dabei auftretenden körperlichen Symptome haben eine wichtige Funktion
Wie entstehen Phobien?	– Phobien sind durch unangenehme Ereignisse und/oder das Vorbild eines Elternteils erworben – Sie werden durch unangebrachte Einstellungen und Vermeidung aufrechterhalten
Wie kann man die Zahnbehandlungsphobie behandeln?	– Die Behandlung ist mit den aufrechterhaltenden Faktoren befasst, dazu gehören: • Die schrittweise Annäherung an die phobische Situation • Die Diskussion der unangebrachten Einstellungen • Die Vermittlung von Strategien zur Linderung der körperlichen Symptome

Des Weiteren sollen die dysfunktionalen Einstellungen und Gedanken über Zahnbehandlung erfasst werden:
- Haben die Patienten negative Ansichten über die Kompetenz oder Fürsorglichkeit der Zahnärzte?
- Erscheinen die eigenen Zähne unbehandelbar?
- Schämen sie sich des ruinösen Zustands ihrer Zähne?
- Treten bei dem Gedanken an einen Zahnbehandlungsbesuch körperliche Symptome auf?

4.2 Darstellung der Therapiemethoden

4.2.1 Konfrontationsbehandlung

Von der Konzeption ausgehend, dass Phobien erworben wurden, sollten sie auch wieder verlernt werden können, indem die Umstände die zur Aufrechterhaltung beitragen, namentlich die Vermeidung, rückgängig gemacht werden. Infolge dieser Logik wurde die Konfrontationsbehandlung entwickelt.

Die dazugehörigen Schritte werden die Patienten mit der Unterstützung ihres Therapeuten erarbeiten und durchlaufen. Bei lang währender Vermeidung wird den Patienten erklärt, dass sie nun schrittweise mit der Zahnbehandlungssituation vertraut gemacht werden. Bei starken dysfunktionalen Überzeugungen werden diese während der Annäherung an die Zahnbehandlung ausdiskutiert und bei starken körperlichen Symptomen werden den Patienten während der Annäherung Strategien an die Hand gegeben, die ihnen helfen sollen, diese zu lindern. Diese Behandlung ist hoch erfolgreich. Sie hilft ca. 70 % aller betroffenen Patienten, sich danach und in der Zukunft relativ angstfrei in die Zahnbehandlung zu begeben (siehe Kapitel 5).

Die bevorstehende Behandlung ist sehr erfolgreich

Befunde

Wie bei anderen spezifischen Phobien, wirkt auch bei Zahnbehandlungsphobie die langfristige Exposition mit phobierelevanten Reizen Angst reduzierend. In den ersten verhaltenstherapeutischen Behandlungsuntersuchungen wurde vor allem systematische Desensibilisierung eingesetzt, d. h. Patienten lernten Entspannung – ein Zustand der mit Angst nicht vereinbar war – und stellten sich darauf phobiebezogene Reize und Situationen vor, deren Angst auslösende Eigenschaft systematisch und hierarchisch ansteigend angeordnet worden war. Die erfolgreiche Angstreduktion wurde dem Prozess der Gegenkonditionierung zugeschrieben. Doch erwies sich die Exposition auch ohne Entspannung als wirksam. Von dem gleichzeitigen Rückgang der vegetativen Reaktionen auf die phobischen Reize ausgehend, wurde die Angstreduktion als Habituationsprozess interpretiert

Kurzer geschichtlicher Abriss der Konfrontationsbehandlung

(zit. Sartory, 1997). Um das Behandlungsverfahren abzukürzen, wurde bei der Darbietung der gefürchteten Situationen in der Folge auch auf die Angsthierarchie verzichtet. Patienten sollten sich stattdessen unmittelbar die am stärksten Angst erregende Situation vorstellen. Diese „Reizüberflutung" (flooding) erforderte eine längere Expositionszeit bis sich der Angstrückgang einstellte, doch wurde die Anzahl der Behandlungssitzungen dadurch wesentlich gekürzt. Dieser Gesichtspunkt ist nicht unerheblich bei Zahnbehandlungsphobie, da die meisten Patienten dringend der Zahnbehandlung bedürfen und die vorausgehende psychologische Behandlung aus diesem Grund von kurzer Dauer sein soll.

Konfrontation *in sensu* und *in vivo*

Abgesehen von der Intensität und Dauer kann auch die Modalität der Konfrontation unterschiedlich sein. Sie kann in der Vorstellung erfolgen, wobei sich Patienten eine vorher vereinbarte Situation der Zahnbehandlung möglichst lebhaft vor Augen führen. Die Situation wird vom Therapeuten beschrieben und die Patienten sollen sie visuell, akustisch und olfaktorisch „erleben" bis die Vorstellung nicht mehr Angst erregend wirkt, wonach zur nächsten Situation weitergegangen wird. Abgesehen von dieser *In-sensu*-Konfrontation, kann die Exposition auch *in vivo* erfolgen, was die Verfügbarkeit von Materialien voraussetzt. Erfolgreich erwiesen sich die Darbietung eines Videofilms, auf dem eine Zahnbehandlung dargestellt ist, wie auch die Exposition zu Zahnbehandlungsutensilien. Wenn die psychologische Behandlung an der Zahnbehandlungseinrichtung stattfindet, wird die Konfrontation häufig auch im eigentlichen Zahnbehandlungsraum und -stuhl durchgeführt.

Faktoren des partiellen Rückfalls zwischen den Sitzungen

Es gilt als wesentlich, dass Patienten am Ende der jeweiligen Konfrontationssitzung relativ angstfrei sind. Die kurzzeitige Konfrontation mit hoch angstbesetzten Inhalten führte in der Folge zu einer Sensibilisierung, d. h. zu einem Angstanstieg. Weitere Faktoren eines partiellen Rückfalls zwischen den Sitzungen *(return of fear)* waren neben intensiver Reizkonfrontation ein generell erhöhtes Arousalniveau, das sich schon vor Beginn der Konfrontation durch eine hohe Herzrate manifestierte (siehe die Zusammenfassung dieser Befunde in Sartory, 1997). Somit scheint ein hohes vegetatives Aktivierungsniveau die langfristige emotionale Verarbeitung phobischer Reize zu verhindern. Darüber hinaus bestehen, unabhängig von der Höhe der anfänglichen vegetativen Reaktion auf den phobischen Reiz, individuelle Unterschiede in der Habituationsrate (Sartory, Eves & Foa, 1987), sodass sich bei Personen mit verlangsamter oder ausbleibender Habituation keine Angstreduktion bei Konfrontationsbehandlung einstellt. Bis zu einem Viertel der Phobiker scheinen davon betroffen zu sein. Bei dieser Gruppe ist zusätzliches Entspannungstraining zur Beschleunigung der Habituation indiziert.

Abgesehen von der Vorstellung Angst induzierender Inhalte wurden auch Videofilme von Zahnbehandlungen (Lundgren et al., 2006) und In-vivo-Zahnbehandlungsinstrumente als Reizmaterial eingesetzt. Beide Formen der Exposition waren ähnlich erfolgreich. Die Verwendung standardisierten Materials wie Videofilme ermöglichte die gleichzeitige Behandlung von Patienten in Gruppen. In-vivo-Exposition erwies sich unabhängig von der Aufmerksamkeitszuwendung der Patienten als langfristig erfolgreich. In einer Untersuchung wurden Zahnbehandlungspatienten die folgenden Instrumente für jeweils 15 Minuten dargeboten: eine Sonde, eine Spritze, eine Zange und ein Bohrer (Schmid-Leuz et al., 2007). In beiden Bedingungen hielten die Patienten das Instrument in der Hand, doch besprachen sie in der Bedingung der Aufmerksamkeitszuwendung mit der Therapeutin die besonders Angst auslösenden Merkmale des Instruments, ihre Ängste und Einstellungen und Erinnerungen an unangenehme Zahnbehandlungen. In der Bedingung der Aufmerksamkeitsablenkung befassten sich die Patienten während der Expositionszeit jedoch mit Brettspielen. Bei dieser letzteren Bedingung sollte die Selbstwirksamkeit der Patienten gestärkt werden, indem sie die Erfahrung machten, die gefürchteten Zahnbehandlungsinstrumente in der Hand halten zu können, ohne übermäßig ängstlich geworden zu sein. Messungen wurden eine Woche vor und eine Woche nach der Behandlung durchgeführt. Beide Gruppen zeigten einen Rückgang ihrer Furcht vor Zahnbehandlungen, gemessen an der Dental Anxiety Scale. Doch verzeichnete die Gruppe in der Bedingung der Aufmerksamkeitszuwendung eine geringere Zustandsangst und eine geringere Anzahl von dysfunktionalen Gedanken bei der Nachuntersuchung nach einer Woche. Die Vermeidung wurde anhand der Einhaltung ihrer Zahnbehandlungstermine in den darauf folgenden sechs Monaten erhoben. Insgesamt nahmen 73 % der Patienten ihre Behandlungstermine wahr. Die Gruppen unterschieden sich diesbezüglich nicht voneinander. Vor der psychologischen Intervention hatten die Patienten Zahnbehandlung im Mittel seit sieben Jahren vermieden und acht ihrer Zähne bedurften der Behandlung. Somit ist die Konfrontationsbehandlung auch bei „abgewendeter" Aufmerksamkeit einigermaßen erfolgreich.

Aufmerksamkeitszuwendung versus -abwendung

Wie im Kapitel 2.1.1 beschrieben, geht bei einer Anzahl der Patienten die Zahnbehandlungsphobie auf erste traumatische Zahnbehandlungsereignisse zurück. Tatsächlich haben De Jongh et al. (2002) bei einer Gruppe von Phobikern gleichzeitige Symptome einer mit Zahnbehandlung in Verbindung stehenden posttraumatischen Belastungsreaktion festgestellt. Diese Patienten erlebten intensive Angstzustände bei einer oder mehreren Zahnbehandlungen, z. B. das Gefühl, dass sie ersticken müssten, und berichteten, diese Situation wieder zu erleben. Die Patienten wurden mit solchen ohne Symptome einer posttraumatischen Belastungsreaktion hinsichtlich des Erfolgs einer In-vivo-Konfrontationsbehandlung, bei der die Patienten schrittweise an die eigentliche Zahnbehandlung herangeführt wurden, verglichen. Dabei erwies sich die Behandlung in beiden Gruppen ähnlich erfolgreich. Somit scheinen Entstehungsfaktoren der Phobie keinen ausgeprägten Einfluss auf den Erfolg der Konfrontationsbehandlung zu haben.

Konfrontationsbehandlung bei Traumasymptomen

Konfrontation durch Modelllernen

Eine gesonderte Form der Konfrontationsbehandlung stellt das Lernen am Modell oder Modelllernen dar. Es wurde von Bandura (1977) entwickelt, der argumentierte, dass emotionale Reaktionen, wie auch Phobien, häufig anhand des Verhaltens eines Modells, etwa der Mutter, erlernt werden. Auf ähnliche Weise, nämlich durch die Beobachtung des angstfreien Verhaltens eines Modells, könnten Ängste wieder „verlernt" werden. Dieser Ansatz wurde vor allem bei der Prävention der Entwicklung von Zahnbehandlungsphobie eingesetzt. So führten Melamed et al. (1975) Kindern mit Zahnbehandlungsängsten einen Film eines anderen Kindes vor, das die Zahnbehandlung angstfrei meisterte. Diese Intervention erwies sich erfolgreich und die betreffenden Kinder waren im Vergleich zu einer Kontrollgruppe bei der darauf folgenden Zahnbehandlung weniger ängstlich.

Konfrontation in Kombination mit anderen Verfahren

Die Konfrontationsbehandlung wird in den meisten Fällen in Kombination mit anderen Behandlungsvorgehen durchgeführt. Ein systematischer Vergleich von der Wirkung einer Videokonfrontation mit einerseits Entspannung und andererseits kognitiver Restrukturierung (siehe Kapitel 4.2.3), ergab ähnlich gute Ergebnisse (Lundgren et al., 2006). Die Unterteilung der Patienten in solche mit und ohne starke vegetative Reaktionen auf einschlägige Filmsequenzen zeigte einen stärkeren Rückgang ersterer bei gleichzeitiger Entspannung. Dieses Ergebnis ließ sich in der Herzrate und der elektrodermalen Aktivität nachweisen, nicht aber in der subjektiven Angsteinschätzung, bei der alle Gruppen eine ähnliche Besserung zeigten.

Konfrontation und Medikation

Um Patienten den Einstieg in die Konfrontation zu erleichtern, wurden Zahnbehandlungsphobikern Tranquillizer (Alprazolam) mit einer Dosis von 0,5 oder 0,75 verabreicht (Coldwell et al., 2007). Nach Darbietung einer Videopräsentation und anschließender In-vivo-Konfrontation zeigte die plazebobehandelte Kontrollgruppe jedoch ein niedrigeres Angstniveau und geringere Herzratenreaktionen während eines Verhaltenstests als die beiden, nun nicht mehr medizierten Gruppen. Es wurde angenommen, dass die Medikation die emotionale Verarbeitung – etwa durch ihre beeinträchtigende Wirkung auf das Gedächtnis – verhindert, oder dass Patienten unter medikamentöser Behandlung den Angstrückgang auf diesen attribuieren und daher bei Ausbleiben des Medikaments wieder ängstlich werden.

Durchführung

Fallbeispiel

Die 23-jährige Frau S. kam zur psychologischen Behandlung, weil sie wegen ihrer übermäßigen Angst vor der Zahnbehandlung seit 13 Jahren keinen Zahnarzt aufgesucht hatte. Sie war verlobt und wollte demnächst heiraten. Aus diesem Grund wollte sie ihre sichtlich stark beschädigten Zähne behandeln lassen. Sie zeigte deutliche vegetative Reaktionen bei dem Gedanken an Zahnbehandlung, sie schwitzte und zitterte und berichtete Übelkeit, sodass sie auch Angst hatte, sie könnte während einer Zahnbehandlung erbrechen. Es wurde eine Annäherungshierarchie der phobierelevanten Situationen erstellt, die ihr in der Vorstellung vorgegeben wurden. Gleichzeitig sollte sie von Zeit zu Zeit angeben, wie hoch ihre Angst auf dem „Angstthermometer" von 0 bis 100 sei. Zu Beginn sollte sich die Patientin vorstellen, aus dem Telefonbuch einen Zahnarzt in der Nähe ihrer Wohnung herauszusuchen. Die Vorstellung sollte möglichst lebhaft und spezifisch sein, d. h., sie sollte sich vorstellen, durch ihr Telefonbuch zu blättern und die Adressen zu vergleichen. Diese Vorstellung löste einen Angstwert von 70 aus, der aber innerhalb einer Viertelstunde auf 30 zurückging, sodass noch in der ersten Sitzung eine weitere Vorstellung, nämlich die einer telefonischen Terminvereinbarung bei der Zahnarztpraxis vorgegeben wurde. Diese Vorstellung löste anfänglich einen Angstwert von 80 aus. Auch hier sollte sich die Patientin deutlich vorstellen, wie sie den Hörer abhob, die Nummer des Zahnarztes wählte und schließlich mit der Rezeption einen Termin vereinbarte. Es wurde darauf geachtet, dass die Angst beim Ende der Sitzung deutlich verringert war. In der nächsten Sitzung wurden zu Beginn die beiden Vorstellungsinhalte nochmals vorgegeben, wobei festgestellt werden konnte, dass der in der ersten Sitzung herbeigeführte Angstrückgang stabil geblieben war. Danach sollte sich die Patientin den Abend vor dem Behandlungstermin vorstellen und schließlich den Morgen vorher und das Verlassen der Wohnung, um den Zahnarzt aufzusuchen. Nachdem die Angstwerte während der in sensu Konfrontation zu diesen Situationen zurückgegangen waren und sich dieser Rückgang zu Beginn der nächsten Sitzung als stabil erwies, wurden das Betreten der Zahnarztpraxis, die Anmeldung bei der Rezeption und schließlich das Aufsuchen des Warteraums als Vorstellungsinhalte vorgegeben. Nach erfolgreichem Angstrückgang wurde in der nächsten Sitzung das Betreten des Behandlungsraums und sich Niederlassens auf dem Behandlungsstuhl vorgegeben. Zu diesem Zeitpunkt verfärbte sich das Gesicht der Patientin, sie sprang auf und lief in den Waschraum, um zu erbrechen. Die Vorstellung der eigentlichen Zahnbehandlungssituation wurde zwei Sitzungen lang vorgegeben, wonach die Angst auch davor zurückgegangen war. Abschließend vereinbarte die Therapeutin für die Patientin einen Termin mit einem Zahnarzt, der Geduld und Behutsamkeit versprach. In der ersten Zahnbehandlung wurden die kosmetisch am stärksten störenden Zahnschäden behoben, worüber die Patientin sehr erfreut war. Das Angebot der Therapeutin von Nachsorge-Sitzungen, sollte sich ein Rückfall einstellen, musste nicht wahrgenommen werden.

Wie im vorherigen Abschnitt ausgeführt, kann die Konfrontationsbehandlung verschiedene Formen annehmen, abhängig von den zur Verfügung stehenden Instrumenten und Szenarien (Zugang zu einer Zahnbehandlungspraxis, Video etc.). Insgesamt soll zügig fortgeschritten werden, um den Patienten rasch ein Erfolgserlebnis zu vermitteln und eine baldige Zahnbehandlung zu ermöglichen. Wie ebenfalls oben ausgeführt wurde, soll eine Sitzung erst dann beendet werden, wenn die Patienten gegenüber dem jeweiligen Konfrontationsreiz relativ angstfrei sind, um bis zur nächsten Sitzung einen partiellen Rückfall zu vermeiden.

Vermittlung des Behandlungsrationals

Vermeidung hat die Zahnbehandlungsangst aufrechterhalten

Bei der Erstellung des Bedingungsgefüges wird auf die wichtige Rolle der Vermeidung für die Entstehung der Phobie hingewiesen. Wenn Patienten Behandlungen unter Vollnarkose durchführen ließen, wird darauf hingewiesen, dass auch diese eine Vermeidung darstellt. (Darüber hinaus ist von wiederholten Vollnarkosen abzuraten, da sie mit zunehmender Häufigkeit eine schädliche Wirkung auf das Gehirn entfalten.) Die langfristige Vermeidung der Zahnbehandlung hat dazu geführt, dass die ursprüngliche, in der Kindheit erworbene Angstreaktion erhalten blieb. Die Patienten haben sich dadurch um die Erfahrung gebracht, dass die Zahnbehandlung ohne Schmerzen stattfinden kann, dass im Gegenteil dadurch Zahnschmerzen verhindert werden. Die Vermeidung hat über Zeit auch zu einem Anstieg der Angst geführt. Zudem stellt eine solche Angstreaktion gegenüber einer gesundheitlich erforderlichen Behandlung eine große Belastung dar, die relativ leicht beseitigt werden kann.

Patienten sollen Kontrolle über das Behandlungsvorgehen wahrnehmen

Bei der Behandlung soll es zu einer Rückführung der Vermeidung kommen. Dazu werden die Patienten schrittweise Teilbereichen der Angst erregenden Situation ausgesetzt. Sobald sie diese nicht mehr befürchten, wird zur nächsten übergegangen. Wie in Kapitel 2.2.3 ausgeführt, führt ein Mangel an wahrgenommener Kontrolle bei Patienten zu Behandlungsabbruch. Das gilt vermutlich ebenso für die psychotherapeutische wie auch die Zahnbehandlung. Aus diesem Grund ist es empfehlenswert, den Patienten zu versichern, dass sie weitgehend selbst bestimmen können, wie schnell sie vorgehen wollen. Dadurch wird ein Gefühl der Kontrolle vermittelt, das die Angst vor der psychologischen Behandlung reduziert. Es obliegt dem Therapeuten, beim einzelnen Patienten die optimale Geschwindigkeit des Vorgehens einzuschätzen. Ein rasches, erfolgreiches Vorgehen wirkt stimmungsaufhellend. (Im Gegensatz dazu kann es bei sehr langsamer Behandlung vorkommen, dass Patienten am Ende leugnen, jemals ängstlich gewesen zu sein, weil sie sich nicht mehr daran erinnern können.) In jedem Fall sollten die Patienten jedoch ein Maß an Selbstbestimmung während der Behandlung wahrnehmen. So sollte ihnen z. B. immer nahe gelegt werden, dass es Zeit für den nächsten Schritt sei, anstatt ihn etwa unangekündigt einzuführen.

Erstellung des Reizmaterials

Materialien für eine erfolgreiche Konfrontationsbehandlung waren unter anderem In-vivo-Zahnbehandlungsinstrumente bzw. standardisiertes Material wie Bilder oder ein Video einer Zahnbehandlung. Da diese Materialien aber selten in Psychotherapie-Praxen zur Verfügung stehen, wird dort am häufigsten, wie in dem oben beschriebenen Fall, Konfrontation *in sensu* durchgeführt. Dafür müssen anfangs „Konfrontationsszenarios" exploriert und nach ihrem Angstgehalt hierarchisch angeordnet werden. Bei langfristiger Vermeidung der Zahnbehandlung und intensiven Angstgefühlen, die sich schon bei der Exploration einstellen, können Patienten oft keine kohärenten Darstellungen der Angst erregenden Situationen liefern. In diesem Fall ist eine Annäherungshierarchie, wie oben beschrieben, empfehlenswert. In jedem Fall sollen die von den Patienten verwendeten Begriffe und Beschreibungen, etwa was sie insbesondere befürchten und wie sie reagieren, notiert werden und später bei der Vorgabe der Vorstellungsinhalte verwendet werden.

Erstellung eines „Konfrontationsszenarios"

Einschätzung der Belastbarkeit der Patienten

Sowohl generalisierte Ängstlichkeit wie auch mangelnde Habituation können den Erfolg der Konfrontationsbehandlung verhindern. Aus diesem Grund ist der Angstreaktion der Patienten bei den ersten Konfrontationsdurchgängen große Aufmerksamkeit zu schenken. Patienten geben in kurzen Abständen von 10 Minuten das Ausmaß ihrer subjektiven Angstreaktion, etwa auf einem „Angstthermometer" von 0 bis 100 an. Bei hoch intensiven Reizen kann die subjektive Einschätzung der Angst anfänglich ansteigen und erst nach etwa 30 Minuten wieder abfallen. Eine subjektive Angsteinschätzung von 30 gilt als ungefährer Richtwert, um zum nächsten Konfrontationsreiz überzugehen. Es ist wesentlich, dass sich während der Sitzung ein Angstabfall einstellt (vgl. Abb. 9). Stark angsterregende Reize sollen zu Beginn der nächsten Sitzung nochmals dargeboten werden, um sicher zu stellen, dass der Angstrückgang dauerhaft ist. Bei Ausbleiben des Angstabfalls während der Sitzung bzw. Resensibilisierung zwischen den Sitzungen muss insgesamt langsamer vorgegangen werden, d. h. es werden in den folgenden Sitzungen nur mittelgradig angsterregende Reize (etwa um 50) eingesetzt, oder es wird Entspannung/Stressimpfungstraining eingeführt, um das Erregungsniveau der Patienten zu senken und auf diese Art die Habituation zu beschleunigen.

Geschwindigkeit des Vorgehens

4.2.2 Stressimpfungstraining

Dieser Behandlungsansatz wird in leicht abgewandelter Form auch als Angstbewältigungstraining (Suinn & Richardson, 1971), angewandte Entspannung (Öst, 1988) oder Selbstinstruktionstraining (Meichenbaum &

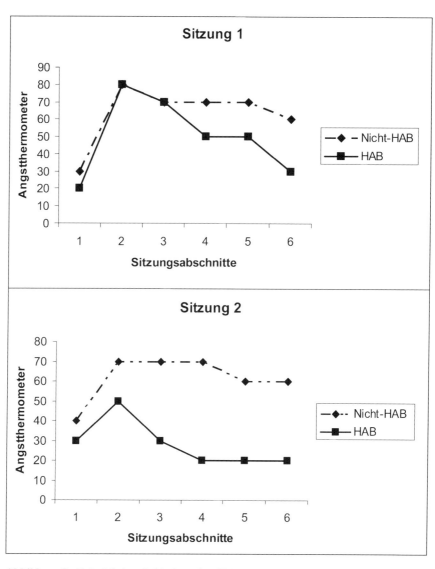

Abbildung 9: Beispiel eines habituierenden (HAB) und eines nicht habituierenden (Nicht-HAB) Verlaufs der Angstreaktion während der Konfrontation

Goodman, 1971) bezeichnet. Allen gemeinsam ist das Ziel, den Patienten Methoden und Strategien zu vermitteln, mit denen sie Angst erregende Situationen meistern können. Die dafür eingesetzten Verfahren sind bei dem Angstbewältigungstraining und der angewandten Entspannung die progressive Muskelentspannung, mit der den vegetativen Reaktionen und der Muskelanspannung während der Angstzustände entgegengewirkt werden soll. Beim Selbstinstruktionstraining/Stressimpfungstraining erfolgen zusätzlich die Identifikation und das Ersetzen von dysfunktionalen, Furcht erregenden Gedanken (vgl. Karte „Leitfaden: Kurz-Stressimpfungstraining" im Anhang des Buches).

Befunde

Dieses Behandlungsvorgehen erwies sich als hoch erfolgreich (Öst et al., 1984) und bei Nachuntersuchungen zeigte sich eine weitergehende klinische Besserung der Klienten. Da dieses Angst bewältigende Vorgehen sehr unspezifisch ist, ist es in allen beunruhigenden Situationen anwendbar und führt vermutlich so zu einem generellen Rückgang der Angstzustände. Die Behandlung enthält eine Reihe von Komponenten: Wahrnehmung interozeptiver Angstreize, Beherrschung einer Gegensteuerungsreaktion und die Überzeugung, dass die Angst aktiv kontrolliert werden kann. Bei einem Vergleich dieser Faktoren an ängstlichen Studenten, fanden Sachse und Kröner (1978), dass die Entspannung wesentlich war und darüber hinaus die Instruktion, dass Entspannung aktiv eingesetzt werden könne, um Angstzustände unter Kontrolle zu bringen. Interozeptionstrainings hatten keine zusätzliche Wirkung.

Komponenten des Stressimpfungstrainings

Es bot sich daher an, das Angstbewältigungstraining auch bei Zahnbehandlungsphobie einzusetzen, um den Patienten die Möglichkeit zu vermitteln, Kontrolle über ihre Angst zu erlangen. Eine ihrer Ängste ist die, während der Zahnbehandlung von der Angst überwältigt zu werden. Da es schwierig ist, aus dieser Situation zu entfliehen, trägt die Angst, die Kontrolle zu verlieren, zur Vermeidung bei. Es wurde zur Standardbehandlung, das Angstbewältigungs-/Stressimpfungstraining mit Konfrontation zu kombinieren. Ning und Liddell (1991) berichteten erstmals von Angstbewältigungstraining zusammen mit der Vorstellung einer Terminvereinbarung, des Sitzens im Zahnbehandlungsstuhl, einer Zahnuntersuchung und schließlich einer Zahnbehandlung.

Kombination von Stressimpfungstraining und Konfrontation

Die Angewandte Entspannung wurde von Becker und Hoyer (2005) sehr ausführlich beschrieben und eine ihrer wesentlichen Komponenten, die Progressive Muskelrelaxation, von Vaitl und Petermann (2000). Aus diesem Grund werden diese Verfahren an dieser Stelle nur zusammenfassend berichtet.

Durchführung

Vermittlung des Behandlungsrationals

Es wird erläutert, dass die Angstreaktion auf drei Ebenen stattfindet, wobei die körperliche Reaktion eine wesentliche Rolle spielt. Bei den meisten Personen treten Herzklopfen, heftiges Atmen und Muskelverkrampfung ein,

Angst kann durch gleichzeitige Entspannung bewältigt werden

wenn sie starke Angst haben. Tatsächlich ist es nicht möglich, starke Angst vor einer Situation wie der Zahnbehandlung zu haben, während man gleichzeitig körperlich völlig entspannt ist. Die psychologische Behandlung zielt darauf ab, es den Patienten zu ermöglichen, sich in der gefürchteten Situation entspannen zu können. Damit können Patienten die Angst weitgehend in den Griff bekommen.

Entspannung muss häufig geübt werden

Die Entspannung muss erlernt werden, wie man Rad fahren oder schwimmen lernt. Anfangs geht es nicht sehr gut, aber später kann man es automatisch, ohne darüber nachdenken zu müssen. Wie bei allen Fertigkeiten, kommt es darauf an, häufig zu üben. Die Entspannungsübungen müssen daher auch zu Hause so häufig wie möglich durchgeführt werden, anfangs am besten zu Zeiten, zu denen man ohnedies entspannt ist, wie kurz vor dem Schlafengehen. Erst wenn man sich gut und in Sekundenschnelle entspannen kann, soll man die Entspannung in Angst erregenden Situationen einsetzen. Ebenso wie sich ein Anfänger beim Autofahren nicht sofort auf die Autobahn begibt, sollte man die Entspannung in ängstigenden Situationen erst dann einsetzen, wenn man sie gut beherrscht.

Erste körperliche Anzeichen einer Angstreaktion

Die Methode ist umso wirksamer, je früher die Entspannung bei entstehender Angst eingesetzt wird (und nicht erst, wenn man vom Gefühl der Panik überwältigt ist). Aus diesem Grund sollten die Patienten anfangen zu beobachten, welche Körperreaktionen beim Gefühl der Angst zuerst auftreten. Das ist von Person zu Person verschieden. Bei manchen Personen stellt sich zuerst Herzklopfen ein, bei anderen eine Muskelverkrampfung in der Magengegend oder im Nacken. Die Patienten sollen die körperlichen Warnsignale einer beginnenden Angstreaktion erkennen lernen. Zu diesem frühen Zeitpunkt soll dann die Entspannung eingesetzt werden.

Identifikation von Angstgedanken

Darüber hinaus soll bei dieser Behandlung auch die Ebene der Gedanken miteinbezogen werden. Mit ängstlichen Gedanken kann man sich in Panik versetzen, obwohl man nicht in Gefahr ist. Viele Personen haben in Angst erregenden Situationen Gedanken, die sie noch ängstlicher machen. Diese Gedanken sollen während der Behandlung identifiziert werden und durch andere ersetzt werden, die helfen sollen, die Situation zu meistern.

Erlernen der Entspannung und der Selbstverbalisation

Erlernen der Progressiven Muskelrelaxation

Kurzform der Progressiven Muskelrelaxation. Da für die psychotherapeutische Behandlung wegen der Dringlichkeit der bevorstehenden Zahnbehandlung in den meisten Fällen nur wenig Zeit zur Verfügung steht, wird die Kurzform der Progressiven Muskelentspannung gewählt, bei der mehrere Muskelgruppen zusammengefasst werden. Das Verfahren wird in der Sitzung vom Therapeuten demonstriert und vom Patienten gleichzeitig durchgeführt. Die Verwendung einer CD ist dabei von Vorteil, da die Patienten diese auch zu Hause zur Übung verwenden können (und damit nicht die Reihenfolge der zu entspannenden Muskelgruppen im Gedächtnis behalten müssen). Es werden verschiedene Muskelgruppen (Hände, Arme und Nacken, Beine und Gesäß, Bauch, Gesicht) abwechselnd angespannt („bis es fast schmerzhaft ist") und daraufhin wieder entspannt. Die Entspannungsphase wird von langsamer und tiefer Bauchatmung begleitet. Wenn diese anfangs nicht gelingt, soll die Bauchdecke mit Hilfe der Muskulatur willentlich beim Einatmen angehoben und beim Ausatmen gesenkt werden. Wenn ein entspannter Zustand gelingt, erfolgt die abgekürzte Form, in der nur mehr Entspannung und langsame Bauchatmung geübt werden. Der entspannte Zustand soll mit bestimmten Reizwörtern assoziiert werden (cued relaxation), etwa „ganz ruhig" oder „ganz entspannt", durch die die Herbeiführung der Entspannung in der Folge beschleunigt werden kann. Bei dem klassischen Vorgehen sitzen die Patienten in einem Entspannungsstuhl, doch kann das Entspannungstraining durch das Einüben im Stehen und während einer Ablenkung (Radiobeschallung) ergänzt werden. Patienten sollen alle Formen der Entspannung, die in der Sitzung durchgeführt wurden, wiederholt täglich zu Hause üben. Sie sollten zuletzt in der Lage sein, sich mit Hilfe des Signalwortes und tiefen Ausatmens unmittelbar in einen entspannten Zustand zu versetzen.

Angewandte Entspannung. Im nächsten Schritt erfolgt die Sensibilisierung der Patienten gegenüber Anzeichen beginnender Angstzustände. Wenn Patienten nicht berichten können, womit ihre Angstreaktionen einsetzten, werden deren erste Anzeichen exploriert. Dazu können Angstvorstellungen wie der bevorstehende Besuch beim Zahnarzt eingesetzt werden. Die dabei auftretenden ersten körperlichen Reaktionen werden identifiziert und den Patienten ins Bewusstsein gebracht. In der Folge werden die Patienten instruiert, mit Hilfe der Entspannung gegen die ersten Anzeichen der Angstreaktion anzusteuern und sie damit unter Kontrolle zu bringen. Dieser Schritt wird wiederholt in der Sitzung eingeübt. Die Patienten stellen sich eine Angst erregende Situation vor und achten gleichzeitig auf internale Hinweisreize der beginnenden Angstreaktion. Sobald sie solche wahrnehmen, teilen sie dies dem Therapeuten mit, indem die sie den Finger heben und unmittelbar darauf die Entspannungsreaktion einleiten. Nachdem diese Gegensteuerung erfolgreich in der Sitzung eingeübt wurde, kann sie in belastenden Situationen des Alltags angewandt werden.

<small>Gegensteuerung der Angst durch Entspannung</small>

Selbstverbalisations-/Stressimpfungstraining. Ebenso wie die ersten körperlichen Hinweisreize, werden auch die ersten, die Angstreaktion begleitenden Gedanken exploriert. Den Patienten wird verdeutlicht, dass Gedanken Angst verursachen können (Beispiel: „Sie hören in der Nacht ein Geräusch und denken, dass sich ein Einbrecher im Haus befindet", verglichen mit „Die Katze hat etwas umgeworfen"). Im Fall der Zahnbehandlungsphobie können diese dysfunktionalen Gedanken mit Hilfe des *Dental Cognitions Questionnaire* erhoben werden oder aber in der Behandlungssitzung indem sich Patienten einen bevorstehenden Zahnbehandlungsbesuch vorstellen

<small>Angst bewältigende Gedanken</small>

und angeben, welche Gedanken zuerst auftreten, z. B. „Ich werde es nicht aushalten", oder „Ich muss mich meiner Zähne schämen". In der Folge werden zusammen mit den Patienten sprachliche, die Situation bewältigende Formulierungen erarbeitet. Sie werden in der Sitzung eingeübt und sollen danach in der realen Situation angewandt werden (z. B. „Auch diese Behandlung geht vorbei", oder „Nach der Behandlung werden meine Zähne schön und gesund aussehen"). Diese Gedanken werden bei gleichzeitiger Vorstellung der jeweils belastenden Situation – etwa der Terminvereinbarung, des Sitzens im Warteraum, der Untersuchung im Zahnbehandlungsstuhl und während des Bohrens – in der Sitzung eingeübt und sollen schließlich auch während der Zahnbehandlung eingesetzt werden.

4.2.3 Kognitive Restrukturierung

Kognitive Restrukturierung in Kombination mit anderen Vorgehen

Bei diesem Behandlungsvorgehen legen die Patienten ihre Gedanken, Überzeugungen, Einstellungen und Meinungen hinsichtlich der Zahnbehandlung im Allgemeinen und ihres vermeidenden Verhaltens im Besonderen dar. Die Patienten erfahren, dass ihre unangemessenen Überzeugungen die Angst aufrechterhalten. Auf die Identifikation ihrer dysfunktionalen Kognitionen folgt dann deren Beseitigung durch realistische und konstruktive Einstellungen. Bei der gleichzeitigen Anwendung dieses Behandlungsvorgehen mit der Darbietung von Videofilmen von Zahnbehandlungssituationen (Berggren et al., 2000; Lundgren et al., 2006) dient das phobierelevante Reizmaterial einerseits zur Evokation der dysfunktionalen Gedanken und andererseits zur Erarbeitung der angemessenen, Angst lindernden Überzeugungen.

Bisher wurde die ausschließliche Anwendung der kognitiven Restrukturierung ohne gleichzeitige Darbietung phobierelevanten Reizmaterials nur einmal berichtet (De Jongh et al., 1995b). Die Patienten erhielten die psychologische Behandlung in einer Sitzung eine Woche vor der Zahnbehandlung. Die kognitive Restrukturierung basierte auf den vorher gemachten Angaben der jeweiligen Patienten im *Dental Cognitions Questionnaire*, wobei vor allem auf solche Überzeugungen eingegangen wurde, die mit einer hohen Überzeugung einhergingen. Ähnlich wie bei dem Behandlungsvorgehen bei Depression von Beck (1985) wurde nach Beweisen von dysfunktionalen Annahmen gefragt, Überzeugungen hinterfragt, oder alternative Denkweisen angeregt.

4.2.4 Hypnose

Das Ziel einer jeden zahnärztlichen Hypnosebehandlung ist es, dem Patienten zu ermöglichen sich in der Behandlungssituation zu entspannen und negative sensorische Eindrücke und Reizeinströme (z. B. Schmerzreize) der

> **Beispiel einer kognitiven Restrukturierung bei Zahnbehandlungsphobie (De Jongh et al., 1995b):**
>
> Ein Patient kreuzte das Item „Es geht alles schief" mit einer Überzeugung von 100 % an. Dazu war er auf Grund einer Erzählung eines Freundes gelangt, dem während einer Zahnbehandlung eine „schlechte Injektion" verabreicht wurde. Daraus zog er den Schluss, dass Zahnärzte generell ungeschickt und sadistisch seien und dass jeder ein solches negatives Erlebnis haben könne, er selbst eingeschlossen. Nach einem detaillierten Bericht über die Behandlung des Freundes befragt, erzählte er, dass dieser eine Entzündung an einem Zahn hatte. Als der Zahnarzt das Lokalanästhetikum verabreichte, war die Spritze so schmerzhaft, dass der Freund weinen musste. Zu diesem Zeitpunkt erklärte der Therapeut, dass Injektionen bei akuter Entzündung schmerzhaft seien, da der Druck in den Gefäßen erhöht sei. Bei der Behandlung des Freundes musste der Zahn gezogen werden, was der Zahnarzt nur unter Lokalanästhesie durchführen wollte. Es war jedoch das beste, was der Zahnarzt unter den Umständen tun konnte, es hätte schmerzfrei sein können, wenn der Freund nicht so lange gewartet hätte, bis sich die Entzündung einstellte und der Zahn gezogen werden musste. Nachdem dem Patienten diese Einsicht vermittelt wurde, fragte der Therapeut, ob der Patient seine ursprüngliche Schlussfolgerung auf Grund dieses Ereignisses für gerechtfertigt ansah. Der Patient musste einige Zeit nachdenken und gab zu, dass seine Schlussfolgerung irrational und diese Art zu denken nicht hilfreich war. Seine Überzeugung hinsichtlich des Items „Alles geht schief" fiel nach der Behandlung auf 20 %.

äußeren Umwelt aus seiner Wahrnehmung auszublenden. Dies geschieht zumeist, indem ein innerer Konzentrationsprozess aufgebaut bzw. induziert wird. Persönlichkeitseigenschaften des Patienten, die Qualität der Hypnoseinduktion und situative Faktoren bestimmen dann, ob überhaupt ein hypnotischer Zustand erreicht wird und wie tief das erreichte Hypnosestadium ist. Während ein leichtes hypnoidales Stadium am ehesten einem wohltuenden Entspannungszustand gleichkommt, können tiefe Trancezustände soweit führen, dass extrem schmerzhafte Behandlungen, die normalerweise einer Narkose bedürfen, vom Patienten unter Hypnose komplett schmerzfrei erlebt werden. Bei der Auto- oder Selbsthypnose induziert sich der Patient die Hypnose selbstständig, z. B. indem er sich selbstständig Entspannungsinstruktionen gibt, darüber in eine für ihn entspannende Szene abgleitet (z. B. einen Spaziergang am Strand im Sonnenuntergang) und diese entspannte Szene dann unter Hinzunahme all seiner Sinnesqualitäten erlebt. Bei der Fremdhypnose übernimmt ein Zahnarzt oder Therapeut die Hypnoseinduktion. Dazu stehen verschiedenste Techniken, wie z. B. die Blick-

Bei hypnotherapeutischen Interventionen wird ein Konzentrationsprozess aufgebaut, um Außenreize aus der Wahrnehmung auszublenden

fixation zur Verfügung, die alle zum Ziel haben, den Patienten in einen Entspannungszustand zu überführen, seine Wahrnehmung darauf zu richten und nach Innen zu fokussieren. Es wurde auch eine kommerziell verfügbare, standardisierte Hypnose-CD erstellt (Schmierer, 1990), wobei empfohlen wird, sie den Patienten bereits 10 oder 20 Minuten vor Beginn der Zahnbehandlung im Behandlungsstuhl und während der gesamten Zahnbehandlung über Kopfhörer darzubieten.

Niedrige Suggestibilität der Patienten und Zeitpunkt der Hypnoseanwendung sind problematische Faktoren bei Hypnotherapie der Zahnbehandlungsphobie

Die Suggestibilität der Patienten, also deren individuelle Empfänglichkeit für induzierte Gedanken, Gefühle oder Wahrnehmungen hat einen Einfluss auf die Wirksamkeit der Hypnosebehandlung. So konnte z. B. gezeigt werden (Gerschman, 1989), dass die Wirksamkeit einer Hypnosebehandlung mit $r = .54$ mit der Suggestibilität der Patienten korrelierte und bei niedrig suggestiblen Personen kaum positive Effekte zeitigte. Ein weiteres problematisches Merkmal therapeutischer Hypnoseanwendungen bei Phobien besteht darin, dass sie in der Regel erst in der phobischen Situation angewendet werden und dadurch keine Wirkung auf das Vermeidungsverhalten der Patienten haben. Die Folge ist, dass viele Patienten furchtbedingt gar nicht erst zur Hypnotherapie erscheinen (siehe Kapitel 5).

Anders als z. B. die Showhypnose auf Jahrmärkten ist die zahnärztliche Hypnose eine medizinische Hypnoseanwendung. Darunter fallen alle Anwendungen, die zur Diagnose, Heilung oder Linderung von Krankheiten dienen. Somit sind Heilerlaubis oder staatliche Approbation, wie sie Ärzte, Zahnärzte, Heilpraktiker und Psychologische Psychotherapeuten besitzen die einzigen zulässigen Qualifikationen die zur Anwendung der Hypnose im zahnärztlichen Kontext berechtigen. Rein rechtlich bedarf es daneben keinerlei hypnosespezifischen Zusatzqualifikation mehr, die Mitglieder dieser Berufsgruppen nachweisen müssen, um in ihrer Praxis Hypnose anbieten zu dürfen. Die Deutsche Gesellschaft für Zahnärztliche Hypnose (DGZH) bietet regelmäßig Fort- und Weiterbildungskurse zum Thema Hypnose an.

4.2.5 Medikamentöse Behandlung

Benzodiazepine sind nicht langfristig wirksam

Bei der medikamentösen Behandlung der Zahnbehandlungsphobie werden vorrangig Benzodiazepine (Tranquilizer) eingesetzt, doch wurde ihre langfristige Wirksamkeit selten überprüft. Die intravenöse Verabreichung eines Beruhigungsmittels während der Zahnbehandlung erwies sich als weniger Angst reduzierend als Verhaltenstherapie (Aartman et al., 2000). Patienten waren in dieser Untersuchung den Behandlungsbedingungen nicht nach dem Zufall zugeordnet worden. Aber auch eine Randomisierung der Patienten erbrachte keine besseren Ergebnisse (Thom & Sartory, 2000). Verglichen wurde die orale Gabe von Midazolan (Dormicum) eine halbe Stunde vor der Zahnbehandlung mit einer einstündigen Sitzung der kognitiven Verhaltenstherapie und einer Kontrollgruppe ohne Angst lindernder Behandlung. Vor der Zahnbehandlung wirkten beide – Midazolan und die kognitive Verhaltenstherapie – Angst reduzierender als die Kontrollbedingung (vgl. Abb. 10), aber bereits am Tag darauf bzw. zwei Monate später zeigten sich Unterschiede zwischen den Behandlungsbedingungen. Während die Angstwerte in der kognitiven Verhaltenstherapie-Gruppe stetig zurückgingen, zeigte die Benzodiazepin-Gruppe einen Rückfall. Im Mittel bedurften 8 bis 9 Zähne der Patienten der Behandlung. Während 70 % der Verhaltenstherapie-Gruppe die Zahnbehandlung fortsetzte, gelang das nur 20 % der Benzodiazepin-Gruppe und 10 % der unbehandelten Kontrollgruppe. Ein Rückfall nach Benzodiazepin Behandlung wurde auch bei anderen Phobien berichtet. So zeigten auch Personen mit Flugphobie nach einem Flug unter Einwirkung eines Tranquillizers beim nächsten Flug einen neuerlichen Anstieg der Angst verglichen mit denen, die den ersten Flug ohne Tranquillizer unternommen hatten (Wilhelm & Roth, 1997). Es bleibt unklar, ob Tranquillizer den Prozess der Angstverarbeitung stören oder ob Patienten den Erfolg der relativen Angstfreiheit in der phobischen Situation dem Medikament zuschreiben und deshalb bei dessen Ausbleiben wieder ängstlich werden.

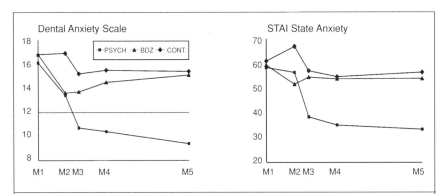

Anmerkung: Die Gruppen waren anfänglich vergleichbar (M1). Der zweite Messdurchgang (M2) wurde unmittelbar vor der Zahnbehandlung nach einer Sitzung kognitiver Verhaltenstherapie (PSYCH), bzw. nach Einnahme des Tranquillizers (BDZ) durchgeführt. Beide Behandlungsgruppen zeigten einen Rückgang der Angst verglichen mit der Kontrollgruppe. M3 wurde am Tag nach der Zahnbehandlung durchgeführt; die PSYCH-Gruppe zeigte einen weitergehenden Rückgang der Angst, der sich nach einer Woche (M4) und nach einem Monat (M5) ohne weitere psychologische Behandlung fortsetzte, während die BDZ-Gruppe über diese Zeit einen Rückfall erlitt.

Abbildung 10: Gruppenmittelwerte der DAS (Dental Anxiety Scale) und STAI State Anxiety (Zustandsangst) bei Zahnbehandlungsphobikern in drei Behandlungsbedingungen (PSYCH – kognitive Verhaltenstherapie; BDZ – Tranquillizer; CONT – keine anxiolytische Behandlung; Thom & Sartory, 2000)

Medikamentöse Behandlung hat geringere Effekte als Stressimpfungstraining

Da auch die Verhaltenstherapie für Patienten belastend ist, wäre es von Interesse herauszufinden, ob Tranquillizer für den Einstieg in die Verhaltenstherapie oder deren Durchführung hilfreich sein können. Coldwell et al. (2007) untersuchten diese Frage indem sie Patienten zur Konfrontation Segmente von Videofilmen mit und ohne Verabreichung von Alprazolam darboten. Die Patienten entschieden selbst, wie rasch sie zum jeweiligen nächsten Video-Segment weitergehen wollten. Während der Behandlung war die Plazebobedingung den Tranquillizern leicht überlegen, bei der Nachuntersuchung nach einem Jahr waren die Gruppen aber ähnlich erfolgreich hinsichtlich ihrer Häufigkeit, mit der sie sich in Zahnbehandlung begaben. Daraus folgt, dass Tranquillizer keine zusätzliche Wirkung zum Erfolg der verhaltenstherapeutischen Behandlung der Zahnbehandlungsangst zeigen. Ohne die gleichzeitige Verhaltenstherapie führt die Verabreichung von Tranquillizer während der Zahnbehandlung zwar zu kurzfristigen Angstlinderungen, langfristig aber zu einem Rückfall der Angst.

5 Wirksamkeit psychotherapeutischer Methoden

Eine wirksame Therapie der Zahnbehandlungsphobie erzielt einen Angstrückgang und einen Abbau des Vermeidungsverhaltens

Wie oben ausgeführt, wurde eine Vielfalt von Behandlungsmethoden bei Zahnbehandlungsphobie eingesetzt. Einige von ihnen wurden in ihrer Wirksamkeit häufiger bestätigt als andere. Eine erfolgreiche psychologische Behandlung der Zahnbehandlungsphobie muss (a) die Angst der Patienten während der Zahnbehandlung lindern, (b) eine stabile Angstreduktion ermöglichen, d. h. Patienten dürfen auch vor dem darauf folgenden Zahnbehandlungstermin nicht mehr hoch ängstlich sein, und (c) langfristig eine regelmäßige Wahrnehmung der Termine zur Zahnstatuskontrolle und Zahnbehandlung durch die Patienten gewährleisten. Am häufigsten wurde (a), die Linderung der Angst während der Zahnbehandlung gemessen, in einigen Untersuchungen auch (b). Die Erhebung der langfristigen Einhaltung von Zahnbehandlungsterminen erweist sich wie alle Langzeituntersuchungen als schwierig, da Patienten aus verschiedenen Gründen oft nicht mehr für weitere Befragungen zur Verfügung stehen. Dennoch wurden auch einige wenige Langzeituntersuchungen durchgeführt.

Am häufigsten wurde die Wirkung von Konfrontationsverfahren und Stressimpfungstrainings untersucht. Aber auch die Wirksamkeit von kognitiver Restrukturierung und Methoden zur Ablenkung der Aufmerksamkeit wie Hypnose wurde evaluiert. Eine Metaanalyse von 38 kontrollierten Untersuchungen (Kvale et al., 2004) ergab eine hoch signifikante mittlere Effektstärke über alle kognitiv-verhaltenstherapeutischen Interventionen (also konfrontative, Coping und rein kognitive Ansätze) von ES = 1.8 hinsichtlich der Reduktion subjektiv berichteter Zahnbehandlungsangst. Die langfristige Wirkung der Behandlungen wurde seltener erfasst. Im Mittel über die Studien nahmen noch 77 % der behandelten Phobiker nach 4 Jahren regelmäßig Zahnbehandlungstermine wahr.

5.1 Konfrontation

Die Konfrontationsbehandlung war eine der ersten verhaltenstherapeutischen Behandlungsmethoden und wurde damit auch am häufigsten evaluiert. Ihre Wirksamkeit ist evidenzbasiert und kann als unumstritten gelten. Bei Anwendung der Konfrontation muss aufgrund der individuellen Belastbarkeit eines Patienten entschieden werden, mit welcher Geschwindigkeit und Reizintensität vorgegangen werden kann. Die In-vivo-Konfrontation gestaltet sich im Falle der Zahnbehandlungsphobie oftmals nicht einfach, da selten die Möglichkeit einer Konfrontation in der zahnärztlichen Situation besteht, sodass *in sensu* Konfrontation durchgeführt werden muss, oder Bild- und Filmmaterial dargeboten wird.

In Bezug auf die Effektivität der Behandlung sollte es keine Rolle spielen, welches konfrontative Verfahren angewendet wird. Bernstein und Kleinknecht (1982) konnten für die Zahnbehandlungsphobie nachweisen, dass es keinen Unterschied machte, ob die Exposition graduiert oder massiert durchgeführt wurde bzw. ob die expositionsbasierte Intervention in symbolischem oder partizipierendem Modelllernen bestand.

Es wurde wiederholt nachgewiesen, dass Konfrontationsmethoden zu (a) Linderung der Angst während der darauf folgenden Zahnbehandlung führt (Thom & Sartory, 2000; Schmid-Leuz et al., 2007). Dies galt auch für Kinder, die einen Film über Zahnbehandlung gesehen hatten (Melamed et al., 1975). Konfrontation führte auch zu (b) Linderung der Angst vor dem nächsten Zahnbehandlungstermin (z. B. Schmid-Leuz et al., 2007) und letztlich auch zu (c) langfristiger Wahrnehmung der Zahnbehandlungstermine. Schmid-Leuz et al. (2007) fanden, dass 73 % der Patienten über sechs Monate weiterhin den Zahnarzt aufsuchten. Eine der längsten im Bereich spezifischer Phobien durchgeführten Follow-up-Untersuchung (Hakeberg et al. 1990) wurde im Bereich der Zahnbehandlungsphobie durchgeführt. Sie evaluierte die Wirksamkeit einer Konfrontationsbehandlung über den Zeitraum von zehn Jahren im Vergleich zu einer Prämedikation mit Diazepam. Nach 10 Jahren befanden sich noch 100 % der mit Konfrontation behandelten Patienten in regelmäßiger Behandlung, während dies nur für 63 % der Teilnehmer aus der Medikamenten-Bedingung der Fall war. Im Bereich

Die Wirksamkeit konfrontativer Verfahren bei Zahnbehandlungsphobie ist evidenzbasiert

spezifischer Phobien haben sich mittlerweile kurze d. h. drei- bis fünfstündige Konfrontationsbehandlungen (z. B. Öst et al., 1989; Öst, 1997) als hoch wirksam erwiesen. Längere Therapien erbrachten keine bessere Wirksamkeit. Für die konfrontative Behandlung der Zahnbehandlungsphobie scheint es außerdem nicht relevant zu sein, ob eine lange oder mehrere kurze Behandlungseinheiten stattfinden. Der Vergleich einer einzigen dreistündigen Behandlungssitzung mit fünf Sitzungen erbrachte in beiden Gruppen einen ähnlich guten langfristigen Erfolg (Haukebo et al., 2008).

5.2 Stressimpfungstraining

Diese Behandlung, gleich ob in Form von *Angewandter Entspannung* oder sonstiger Vermittlung von Coping-Strategien, hat sich ebenfalls als wirkungsvoll bei der Behandlung spezifischer Phobien erwiesen, obwohl sie in Metaanalysen Konfrontationsbehandlungen meist leicht unterlegen war (siehe z. B. Ruhmland & Margraf, 2001).

Für die Therapie von Zahnbehandlungsphobie scheint sie allerdings sehr gut geeignet zu sein, wie die oben berichteten Studienergebnisse belegen. Denkbar ist, dass insbesondere das Kontrollverlusterleben, ein von vielen Zahnbehandlungsängstlichen beklagter Furchtaspekt, durch Copingtechniken besonders gut reduziert wird. Die Patienten berichten, dass sie vor allem die Möglichkeit, aktiv auf den Behandlungsprozess einzuwirken, d. h. sich durch Selbstverbalisationen, Einflussnahme und Kontrolle aufzeigen (z. B. „Ich werde mit dem Zahnarzt vor Behandlungsbeginn absprechen, dass er mich auch während der Behandlung genau über die Vorgänge informiert;" „Der Zahnarzt wird jederzeit eine Pause machen, wenn ich die Hand hebe") als entlastend erleben. Außerdem bietet sich Stressimpfungstraining auch in therapeutischen Settings an, in denen In-vivo-Konfrontationssitzungen aus organisatorischen Gründen nicht möglich sind, ein besonders in Bezug auf Zahnbehandlungsangst nicht zu unterschätzender Vorteil. Auch sehr kurze Stressimpfungstrainings von drei bis fünf Sitzungen Dauer zeitigten bereits sehr gute Ergebnisse, sodass es sich zusätzlich um ein sehr ökonomisches Verfahren handelt. Längere Interventionen brachten keine zusätzlichen Effekte mehr.

Coping-basierte Therapieansätze sind bei Zahnbehandlungsphobie ebenfalls wirksam

Vor allem die Kombination aus Stressimpfungstraining mit konfrontativen Elementen, die im nächsten Kapitel noch ausführlich beschrieben wird, hat sich bei (a) der Linderung der Angst während der Zahnbehandlung als hoch erfolgreich herausgestellt (Ning & Liddell, 1991; Thom & Sartory, 2000; Haukebo et al., 2008). So stellte sich auch schon nach einer einzigen Behandlungssitzung langfristiger Erfolg ein (Thom & Sartory, 2000). Auch vor dem (b) darauf folgenden Zahnbehandlungstermin konnte verringerte Angst nachgewiesen werden (Thom & Sartory, 2000), ebenso wie (c) langfristige Wahrnehmung von Zahnbehandlungsterminen. Hinsichtlich der Langzeiteffekte dieses auf der Vermittlung von Coping-Strategien beruhenden Ansatzes konnten z. B. Lidell et al. (1994) für einen Katamnesezeitraum von vier Jahren nachweisen, dass sich noch 70 % der Patienten in regelmäßiger zahnärztlicher Behandlung (c) befanden und sich dieser Wert nicht von dem der Einjahres-Katamnese unterschied. Ein ähnlicher Befund ergab sich außerdem für die langfristigen Effekte der Therapie auf subjektive Zahnbehandlungsangst: Der durch die Therapie erzielte Angstrückgang (erfasst über den DAS-Score) blieb auch über die Dauer von vier Jahren stabil. Die Kombinationsbehandlung wurde bisher nicht mit einer reinen Konfrontationsbehandlung verglichen.

5.3 Weitere Methoden

Die Wirkung der alleinigen Anwendung von *kognitiver Restrukturierung* ist bisher unzureichend evaluiert. Es existiert bislang nur eine Untersuchung, in der kognitive Techniken alleine zur Reduktion von Zahnbehandlungsangst eingesetzt wurden (De Jongh et al., 1995b). Die Überzeugung hinsichtlich dysfunktionaler Gedanken ging bei dieser Behandlung im Vergleich zur Informationsvermittlung und der Wartelistekontrollgruppe stark zurück, auch die Zahnbehandlungsphobie zeigte Besserung, obwohl die mittleren Werte auch nach einem Monat noch klinisch bedeutsam waren. Nach einem Jahr der vermutlich fortgesetzten Zahnbehandlung unterschieden sich die Gruppen nicht mehr. Die Autoren machten keine Angaben über die Drop-out-Rate in den Gruppen. In Zusammenhang mit der Konfrontation von Videofilmen mit Zahnbehandlungssituationen (Berggren et al., 2000; Lundgren et al., 2006) erwies sich die kognitive Restrukturierung ähnlich erfolgreich wie angewandte Entspannung.

Abbruchquote bei Hypnose hoch

Was die Schmerz- und Reflexausschaltung (z. B. hinsichtlich des Würgereflexes) betrifft, ist die Wirksamkeit von *Hypnose* für den Einzelfall zweifelsfrei nachgewiesen. In einer Anzahl von Untersuchungen an Einzelfällen wurden hierzu gute Erfolge berichtet (z. B. Gow, 2006). Die wenigen Studien, die angstreduzierende Effekte reiner Hypnoseanwendung untersuchten (insgesamt vier im Zeitraum zwischen 1995 und 2009), hatten eine hohe Drop-out-Rate zu verzeichnen: Bei einem Vergleich von jeweils acht Sitzungen Hypnotherapie mit kognitiver Verhaltenstherapie (Hammarstrand et al., 1995) zeigten die Patienten in der Gruppe der kognitiven Verhaltenstherapie im Vergleich zu denen der Hypnotherapie eine deutliche Senkung der Zahnbehandlungsangst und eine Aufhellung der Stimmung. Das hervorstechende Ergebnis dieser Untersuchung war jedoch die hohe Drop-out-Rate von über 50 % in der Hypnotherapie-Gruppe im Vergleich zu den 27 % frühzeitig die Behandlung beendenden Patienten in der kognitiven Verhaltenstherapie-Gruppe.

Ein ähnliches Ergebnis zeigte sich in einer weiteren Untersuchung von Kurzbehandlungen (Wannemüller et al., eingereicht). Verglichen wurden zwei Sitzungen kognitiver Verhaltenstherapie mit der einer standardisierten Hypnose-CD, einer individualisierten Hypnose-Behandlung und Narkose. Bei der individualisierten Hypnose wurde den Patienten suggeriert, dass sie sich in einer vorher explorierten, für sie angenehmen Situation befänden, in der sie völlig angstfrei wären. Die Behandlung mit der Hypnose-CD unterschied sich von den anderen Behandlungsbedingungen zusätzlich indem für sie von den Patienten 50,– € erhoben wurden, wie das auch in den Zahnarztpraxen der Fall ist. In dieser Gruppe blieben 60 % der Patienten der Behandlung fern und der größte Teil von ihnen, nachdem sie über die zusätzliche Gebühr informiert worden waren. Die verbliebenen Patienten zeigten, ähnlich wie die Narkose-Gruppe, einen geringfügigeren Behandlungserfolg als die kognitive Verhaltenstherapie-Gruppe. Die individualisierte Hypnose-Gruppe unterschied sich in ihrem Erfolg auf die subjektive Angsteinschätzung nicht von der Verhaltenstherapie, doch zeigte auch diese Hypnose-Gruppe eine 56 %ige Drop-out-Rate, während bei der kognitiven Verhaltenstherapie nur 30 % frühzeitig der Behandlung fernblieben. Neben den erhöhten Abbrecherzahlen bestand ein weiterer Nachteil beider hypnotherapeutischer Anwendungen gegenüber verhaltenstherapeutisch behandelten Patienten in der hohen subjektiven Abhängigkeit von ihrem Verfahren, z. B. operationalisiert über die Frage, inwieweit sie beunruhigt seien bei ihrer nächsten Zahnbehandlung auf ihr jeweiliges Therapieverfahren verzichten zu müssen. Von der Art des Behandlungsprozederes wiesen individualisierte Hypnose und Verhaltenstherapie einige gemeinsame Merkmale auf (z. B. sollte in beiden Bedingungen die Heftigkeit physiologischer Furchtreaktionen minimiert werden), unterscheiden sich jedoch wesentlich in der Geschwindigkeit, mit der die phobische Situation von den Patienten aufgesucht werden musste. Bei der Hypnose-Behandlung sollten sich die Patienten ohne vorherige Behandlung ihrer Angst in den Zahnbehandlungsraum bzw. den Zahnbehandlungsstuhl begeben. Diese, einer Reizüberflutung gleichende Behandlungsanordnung, ist nicht für alle Patienten geeignet.

Die Patienten müssen dabei ohne vorherige psychologische Behandlung eine hoch Angst erregende Situation, nämlich den Zahnbehandlungsstuhl, aufsuchen.

Auch in einer weiteren Untersuchung (Saletu et al., 2002) erzielte die Hypnose durch einen „Live"-Hypnotiseur eine signifikant positivere Wirkung auf die Angst der Patienten als CD-induzierte Hypnose.

Schaffen die Patienten ihre Vermeidenstendenzen zu überwinden, scheinen hypnotherapeutische Techniken ebenfalls positive Effekte auf die Furchtreaktion zu haben, obwohl verhaltenstherapeutische Techniken vergleichsweise wirksamer waren.

Aus der Zusammenschau der vorgestellten Befunde aus Kapitel 4 und 5 lassen sich einige Hinweise zur differenziellen Indikation der jeweiligen psychotherapeutischen Verfahren ableiten, die nachfolgender Tabelle zu entnehmen sind (vgl. auch die Karte „Hilfen bei der individuellen Indikationsentscheidung" im Anhang des Buches):

Tabelle 4: Psychotherapeutische Interventionen bei Zahnbehandlungsphobie

Intervention	Eignung	Probleme
Konfrontation in sensu mit Entspannung	– starke vegetative Reaktionen – verzögerte Habituation	
in sensu ohne Entspannung	– zügige Habituation – mangelnde Utensilien	– mangelnde Vorstellungskraft (nicht lebhaft)
in vivo	– Vorhandensein von Utensilien, Video, Zugang zu Zahnarztpraxis	– Mangel an Utensilien oder kein Zugang zu Zahnbehandlungspraxis
Angstbewältigungs- und Stressimpfungstraining	– ausgeprägte vegetative Reaktionen – zusätzliche generalisierte Ängstlichkeit – hoher Kontrollwunsch	– erfordert Durchführung der Entspannungsübungen zwischen den Sitzungen
Kognitive Restrukturierung	– dysfunktionale Kognitionen vorrangig	– erfordert Abstraktionsvermögen – Wirksamkeit bislang nicht evidenzbasiert
Hypnose	– keine Vermeidung – niedriger Kontrollwunsch – ausreichende Suggestibilität	– hohe Abbruchrate – Behandlung findet in der Zahnbehandlungssituation statt (ungünstig bei ausgeprägter Vermeidung) – CD-induzierte Hypnose unwirksam

Wir empfehlen deshalb unter Berücksichtigung der Forschungslage die Anwendung eines *hoch spezifizierten Kurz-Stressimpfungstrainings* als Standardbehandlung der Zahnbehandlungsphobie. Das heißt, es werden mit den Patienten Coping-Techniken, speziell für die zahnärztliche Situation entwickelt und fortlaufend in diesem Kontext erprobt (siehe Kapitel 6), bevor sie in der Realsituation eingesetzt werden. Diese Form des Stressimpfungstrainings enthält viele konfrontative Elemente, mittels derer die Furchtreaktion evoziert werden soll, um dann vom Patienten unter Kontrolle gebracht zu werden. Deshalb kann nicht ausgeschlossen werden, dass auch habituative Effekte, z. B. während der Imagination einer Zahnbehandlung oder bei der Betrachtung von relevantem Filmmaterial zu dessen guter Wirk-

Hoch spezialisiertes Kurz-Stressimpfungstraining als Therapiemethode der Wahl

samkeit beitragen. Das Coping der Furchtreaktion durch den Einsatz individualisierter Entspannungs- und Selbstverbalisationstechniken ist aber das primäre Rational der Behandlung. In Kapitel 6 wird das von uns entwickelte Therapieverfahren vorgestellt.

6 Beispiel einer standardisierten Kurzzeittherapie

Im Folgenden wird ein Stressimpfungstraining vorgestellt, das an der Zahnklinik des Augustakrankenhauses in Bochum (Leitung Prof. Dr. Jöhren) in Kooperation mit der Universitätsambulanz der Bergischen Universität Wuppertal (Leitung Prof. Dr. G. Sartory) entwickelt wurde und seit fast einem Jahrzehnt an der Zahnklinik eingesetzt wird (vgl. auch die Karte „Leitfaden: Kurz-Stressimpfungstraining" im Anhang des Buches). Jede Woche durchlaufen etwa 8 bis 10 Patienten dieses Behandlungsprogramm. Es wurde mehrfach hinsichtlich seiner Wirksamkeit evaluiert (siehe Kapitel 5). Eine Zusammenschau der Ergebnisse zeigt, dass sich etwa 70 % der Patienten, die zuvor den Gang zum Zahnarzt vermieden, im Anschluss an die Therapie einer Zahnbehandlung unterziehen und auch dauerhaft in Behandlung bleiben. Es umfasst insgesamt drei 60-minütige Sitzungen, wobei ca. zwei Drittel der Dauer der ersten Sitzung für die Diagnostik verwandt werden.

Therapiebestandteile des Kurz-Stressimpfungstrainings

Die Bestandteile der Sitzungen gliedern sich in die vier Teile:
1. Diagnostik
2. Psychoedukation
3. Erwerbsphase:
    a) Erlernen von Entspannungs- und Atemtechniken (hierbei ist die häusliche Übung der Patienten erforderlich)
    b) Gemeinsame Exploration und Fixierung hilfreicher und bewältigungsorientierter Gedanken
4. Anwendungsphase:
    a) Einsatz der erlernten Strategien während einer imaginierten Zahnbehandlung
    b) Einsatz der erlernten Strategien während der Betrachtung phobierelevanten Filmmaterials
    c) Einsatz der erlernten Strategien in der Realsituation

Im Folgenden werden die einzelnen Sitzungen beschrieben.

Sitzung 1

Diagnostik

Zu Beginn wird exploriert, wie es zur Inanspruchnahme der Psychotherapie kam, ob es in letzter Zeit bereits Kontakt mit einem Zahnarzt gab und ob die Patienten gegebenenfalls bereits wissen, welche Zahnbehandlungen durchzuführen sind. Zu diesem Zeitpunkt wird dem Patienten auch der Eindruck vermittelt, dass es sich bei der bevorstehenden psychologischen Intervention um ein spezifisches Verfahren handelt, in dessen Verlauf es sehr konkret um den Abbau von Zahnbehandlungsangst geht.

Exploration dient einerseits der Sammlung diagnostischer Informationen, andererseits sollen Befürchtungen und Ängste in Bezug auf Psychotherapie abgebaut werden

Sodann weist der Therapeut darauf hin, dass aufgrund der Spezifizität des Verfahrens eine psychotherapeutische Diagnostik notwendig und wichtig ist, da die Furcht vor Zahnbehandlungen verschiedene Ursachen haben kann und geklärt werden muss, ob das Angebot auch zum Problem des Patienten passt oder gegebenenfalls modifiziert werden muss. Danach wird das Einverständnis zur Interviewdurchführung eingeholt.

Psychoedukation

Ist die phobische Erkrankung interviewdiagnostisch gesichert, wird auf das subjektive Entstehungsmodell der Zahnbehandlungsangst eingegangen. Die meisten Patienten benennen ein oder mehrere Konditionierungsereignisse. Allerdings geben einige an, sich an keine Ereignisse erinnern zu können und sich nicht erklären zu können, warum diese Angst existiere. Ist letzteres der Fall, stellt der Therapeut diese Tatsache als normal dar und weist darauf hin, dass es mehrere Wege in eine phobische Störung gibt und dazu nicht immer eine „traumatisierende" Erfahrung gemacht werden müsse. Anschließend wird gemeinsam mit den Patienten nach ängstlichen Modell-Personen gesucht und exploriert, ob sie z. B. von sehr schmerzhaften Behandlungen im Familien- oder Freundeskreis gehört haben, um die Phobieentstehung auf dem semantischen Lernweg zu prüfen. Wird dies alles ausgeschlossen, weist der Therapeut auf die Existenz von sehr früh in der Kindheit gemachten Lernerfahrungen hin, die heute nicht mehr bewusst erinnerbar sind und auch auf bestimmte Persönlichkeitsmerkmale hinweisen, die eventuell die Entwicklung einer Zahnbehandlungsphobie prädisponieren (z. B. Kontrollerleben). Besonders für Patienten, die ohne Erklärungsmodell in die Sitzung kommen und manchmal sogar die Existenz ihrer Phobie in Ermangelung von Alternativen für „verrückt" halten, hat die Erarbeitung eines nachvollziehbaren Störungsmodells entlastende Wirkung.

Wenn kein subjektives Entstehungsmodell vorhanden ist, wird in der Sitzung ein solches erarbeitet

Formulierung realistischer Therapieziele

Im Anschluss daran wird mit den Patienten eine realistische Zielperspektive erarbeitet. Dies kann z. B. vom Therapeuten mit der Frage eingeleitet werden, was denn am Ende der dritten Therapiesitzung mit ihm und seiner Angst passiert sein müsse, damit er die therapeutische Intervention als erfolgreich bewerte. Einige Patienten rechnen nach Ende des Trainings mit Angstfreiheit bei Zahnbehandlungen. Diese Vorstellung wird korrigiert, da bei der ersten Zahnbehandlung nach oft jahrelanger Vermeidung mit dem Erleben von Furcht zu rechnen ist. Die Patienten werden instruiert, dass die Intervention zunächst nicht die vollständige Abwesenheit der Angst ermöglicht, sondern Kontrolle der Furchtreaktion, wodurch sie auf einem subjektiv erträglichen Intensitätsniveau gehalten werden kann und die phobische Situation nicht mehr vermieden werden muss. Erst bei mehrfacher erfolgreicher Anwendung wird durch die Kumulation von Bewältigungserfahrungen situative Furchtfreiheit möglich sein. Die meisten Patienten sind allerdings in Bezug auf die Zielformulierung vorsichtiger und nachvollziehbar skeptisch, ob in drei Sitzungen ihre oft seit Jahren bestehende Phobie erfolgreich behandelt werden könne. Diesen Patienten wird vermittelt, dass die Intervention sehr wirksam ist und Strategien zur Furchtkontrolle schnell erlernbar sind, weshalb es bereits nach wenigen Sitzungen in der Tat möglich ist, sich der gefürchteten Situation auszusetzen.

Danach wird den Patienten Informationen zum Thema Angst und deren Funktionalität zur Flucht- und Kampfvorbereitung gegeben, wie in Kapitel 4.1.1 beschrieben. Anschließend werden typische körperliche und kognitive Furchtkomponenten exploriert. Am besten stellt der Therapeut hierzu eine sehr situationsbezogene Frage wie z. B.:

> Stellen Sie sich bitte vor, Sie sitzen im Wartezimmer/Behandlungsstuhl einer Zahnarztpraxis. Jeden Moment könnte Ihr Name aufgerufen werden/der Arzt den Raum betreten und die Behandlung beginnen. Woran erkennen Sie körperlich, dass Sie Angst haben?

Exploration kognitiver Furchtanteile

Die gleiche Frage wird auch zur Exploration kognitiver Furchtanteile gestellt werden („Was geht Ihnen in dieser Situation durch den Kopf?"). Manchmal kommt es vor, dass Patienten äußern, in diesen hoch phobischen Situationen „nichts mehr denken zu können". Dann empfiehlt es sich in der Situationsabfolge sukzessive zurückzugehen, also z. B. zum Zeitpunkt, zu dem die Person an der Praxis eintrifft, von zu Hause wegfährt, den Termin vereinbart etc. Gestaltet sich die Exploration der Furchtkognitionen schwierig, kann der Therapeut auch Beispiele aus den drei heuristischen Kategorien Katastrophisierungen, Ich-Insuffizienz und Peinlichkeit/Scham (siehe Kapitel 1.1) anbieten und den Patienten konkret fragen, ob diese bei ihm vorkommen.

Unter Bezugnahme auf die Informationen aus der vorangegangenen Explorationsphase wird im Anschluss das Drei-Ebenen-Modell der Angst eingeführt und die einzelnen Bestandteile mit individuellen Symptomen schriftlich fixiert und untermauert (vgl. Abb. 11).

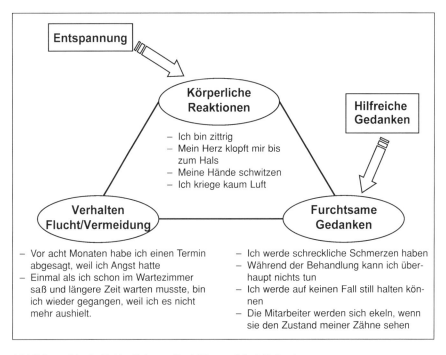

Abbildung 11: Individualisiertes Drei-Ebenen-Modell der Angst

Im Zuge dessen werden die Patienten darauf aufmerksam gemacht, wie gut ihre Furchtreaktion auf allen Ebenen funktioniere und dass dies, für sich genommen, keinesfalls krankhaft oder abnorm sei. Vielmehr sei die Passung zwischen Reaktion und Situation das psychotherapeutisch relevante Problem. Denn, obwohl die Patienten wüssten, dass es sich bei der Zahnbehandlung nicht um eine Situation handle, in der Leib und Leben bedroht seien, sondern sie ihnen und ihrer Gesundheit sogar nütze, tauche die Furcht in der Zahnbehandlungssituation auf.

Anschließend wird die Wirkung von Entspannung und Bewältigungsgedanken auf die einzelnen Modellkomponenten erläutert. Hierzu ist folgendes einfaches Gedankenexperiment meist recht dienlich:

> Sie sagten ja gerade, wie verkrampft Sie in dem Zahnbehandlungsstuhl sitzen und wie angespannt Sie sich dort fühlen. Ich weiß, das klingt jetzt ein wenig utopisch, aber stellen Sie sich doch bitte einmal vor, diese Anspannung und alle Ihre körperlichen Symptome in dieser Situation wären nicht da und Sie säßen ganz locker und entspannt, also so ähnlich wie

jetzt gerade, im Zahnbehandlungsstuhl. Was glauben Sie, wie viel Angst hätten Sie dann noch?

Einführung des Therapierationals

Ein ähnliches Gedankenexperiment kann dann bezüglich der Kognitionen durchgeführt werden (z. B. „Wenn Sie in dieser Situation daran denken würden, dass der Zahnarzt alles tun wird, um Schmerzen zu verhindern und Sie nach der Behandlung wieder gesunde und schön anzuschauende Zähne haben."). Die meisten Patienten antworten, dass sie in einem solchen Fall wahrscheinlich viel weniger oder gar keine Angst hätten. Die Angst lindernde Wirkung von Coping-Strategien und das Rational des Stressimpfungstrainings wird auf diese Weise vermittelt.

Erwerb von Entspannungtechniken

Anschließend wird den Patienten eine PMR-CD ausgehändigt, mit der Bitte, sich bis zur nächsten Sitzung mit dem Verfahren vertraut zu machen. Die einzige zusätzlich vom Therapeuten gegebene Instruktion besteht darin, dass sich die Patienten ein Wort auswählen sollen, das sie mit Entspannung assoziieren (z. B. „ganz ruhig", „ganz entspannt", etc.) und sich dieses bei jedem Entspannungszyklus subvokal vorsagen, damit es bereits vom Übungsbeginn an, zu einer Verknüpfung zwischen Wort und Entspannung kommt. An dieser Stelle wird darauf hingewiesen, dass sich ein entspanntes Gefühl nicht sofort einstellen wird und die tägliche Anwendung der CD zwar einen wichtigen, aber ersten Schritt auf dem Weg zur Kontrolle körperlicher Symptome der Zahnbehandlungsangst darstellt. Zuletzt werden die Patienten noch ersucht durch die häusliche Bearbeitung des DCQ die Arbeit auf der gedanklich/kognitiven Ebene vorzubereiten.

Sitzung 2 (nach etwa einer Woche)

Erwerb von Entspannungstechniken

Zu Beginn der zweiten Sitzung berichten die Patienten zunächst über ihre Erfahrungen mit der PMR-CD. Auch wenn das Verfahren nicht täglich angewandt wurde und Entspannung nicht wahrgenommen wurde, wird die Durchführung der Übungen, und nicht das Resultat positiv verstärkt. In den seltenen Fällen, in denen Patienten negative Empfindungen z. B. intensive Anspannungsgefühle während der Übung beschreiben oder die Stimme aversiv besetzte Erinnerungen triggerte, werden die Betreffenden instruiert bei Übungsdurchführung auf die Anspannung zu verzichten, bzw. wird ihnen eine alternative PMR-CD mit einer anderen Stimme ausgehändigt.

Danach werden die Patienten angehalten, die Entspannung ohne Audiounterstützung selbstständig durchzuführen. Damit sollte in der Phase zwischen zweiter und dritter Therapiesitzung begonnen werden. Außerdem sollen gleichzeitig Muskelgruppen zusammengefasst und gemeinsam an- und später entspannt werden. Hierzu bieten sich zunächst vor allem die oberen und unteren Extremitäten an. Ziel ist, eine Verkürzung des Verfahrens zu erreichen, das dann im Verlauf einer Zahnbehandlung (z. B. im Wartezimmer, allein im Behandlungsstuhl) zur Entspannungsdurchführung zur Verfügung steht. Außerdem soll mit der selbstständigen Durchführung der Entspannung das internale Kontrollerleben der Patienten gestärkt werden. Sie sollen die Erfahrung machen, dass sie den entspannten Zustand jederzeit und selbstständig herbeiführen können. Bei manchen Patienten wird der Übergang von der CD-geleiteten zur selbstständig durchgeführten Entspannung mit Ratschlägen, diese während angenehmer Musik durchzuführen, eingeleitet.

Einführung der Entspannung

Exploration bewältigender Gedanken

In der Folge wird zur Formulierung hilfreicher Gedanken übergegangen. Hierzu betrachten Patient und Therapeut zunächst gemeinsam die angekreuzten dysfunktionalen Gedanken des Patienten im DCQ. Anhand der dort und der während der Exploration gemachten Angaben werden die Befürchtungen expliziert, die der Patient in der Zahnbehandlungssituation hat, etwa Katastrophisierungen, Überschätzung der Schmerzwahrscheinlichkeit, Furcht vor Kontrollverlust oder Peinlichkeitsgedanken. Die jeweiligen Befürchtungen werden besprochen, hinterfragt, wenn möglich werden praktische Lösungen gefunden, bzw. stattdessen bewältigende Gedanken erarbeitet.

Fehlende Passung zwischen Furchtreaktion und Situation ist das zu behandelnde Problem

Fürchtet sich ein Patient beispielsweise hauptsächlich vor dem Kontrollverlust und fühlt sich im Zahnbehandlungsstuhl hilflos und ausgeliefert, wird er zunächst vom Therapeuten befragt:

> Denken Sie bitte noch einmal an Ihr Hauptproblem, dass Sie sich während einer Behandlung immer sehr hilflos erleben und den Eindruck haben, überhaupt nicht kontrollieren zu können was mit Ihnen passiert. Wie genau müsste eine Zahnbehandlung beschaffen sein, damit Sie diese, sehr negative und Angst machende Vorstellung nicht mehr (so stark) hätten? Dabei sollten Sie an alle Aspekte der Behandlung denken, also an das Verhalten des Zahnarztes, die Praxiseinrichtung, den Umgang von Seiten des Personals und auch alles andere was Ihnen den Gang in die Praxis irgendwie angenehmer gestalten würde.

Es werden alle vom Patienten erwähnten Punkte notiert. Ein häufig genannter Aspekt ist die Möglichkeit, während der Behandlung eine Pause machen zu können oder die Behandlung auf ein Zeichen hin zu unterbrechen. Ebenfalls relevant ist oft, inwieweit der Zahnarzt die Bereitschaft zeigt und Zeit hat, individuell auf den Patienten einzugehen. Auch die Mitteilung von Informationen im Vorfeld, aber auch während der laufenden Zahnbehandlung wird von der Mehrzahl der Patienten als deutlicher Zuwachs eigener Mitsprache- und Einflussmöglichkeiten erlebt. In der Folge überlegen Patient und Therapeut gemeinsam, welche Möglichkeiten zur Verfügung stehen, um möglichst viele von den als hilfreich erlebten Aspekten selbstständig herbeizuführen. So könnte der Zahnarzt vor der Behandlung darauf hingewiesen werden, dass der Patient durch das Heben der Hand signalisiert, eine Pause zu benötigen, bzw., dass er während der Behandlung über die gerade durchgeführte Tätigkeit und deren wahrscheinliche Dauer informiert werden möchte. Wenn erforderlich, können mit dem Patienten Strategien überlegt und auch aufgeschrieben werden, die ihm helfen, seine Bedürfnisse auch umzusetzen (z. B. „Verstärkung" in Form von vertrauten Personen mitbringen, unangenehme Themen vorher telefonisch abklären usw.).

Auf diese Weise werden alle aus den DCQ-Informationen abgeleiteten kognitiven Furchtbereiche abgearbeitet und die hierzu hilfreichen Gedanken vom Patienten in kurzen Sätzen und wenn möglich mit Ich-Bezug aufgeschrieben. Die zu bearbeitenden Bereiche sind in der Regel nicht sehr viele, d. h. es stehen z. B. die Furcht vor Kontrollverlust und Angst vor Schmerzen (sowie damit einhergehende katastrophisierende Befürchtungen) im Vordergrund oder zu der Angst vor Schmerzen existiert Peinlichkeit vor der Angstreaktion. Nur selten lassen sich bei einem Patienten mehr als drei Bereiche dysfunktionaler Gedanken identifizieren.

Patient und Therapeut werten gemeinsam die Ergebnisse des DCQ aus

Die Generierung hilfreicher Gedanken in Bezug auf Schmerzen und befürchtete Behandlungsfehler erfolgt über drei Wege:
1. Es wird die Überschätzung von Wahrscheinlichkeiten auf der Grundlage individueller Erfahrungen korrigiert, indem die Patienten z. B. alle ihre Behandlungserlebnisse noch einmal Revue passieren lassen und hinsichtlich der erlebten Schmerzen bewerten. Viele kommen dabei zu dem Ergebnis, dass Schmerzen und Unfälle während der Behandlung die Ausnahme und nicht die Regel darstellen. Dieser Satz wird dann aufgeschrieben.
2. Die zweite Möglichkeit die Furcht vor Schmerzen zu reduzieren besteht darin, mit den Patienten zu besprechen, welche interpersonellen Ressourcen sie im Umgang mit Schmerz haben, falls dieser auftritt. Auch hier kann auf die individuelle Lerngeschichte Bezug genommen werden. Sind bereits einmal starke Schmerzen (Geburt, Blinddarmentzündung etc.) bewältigt worden? Was hat den Patienten dabei geholfen?
3. Außerdem kann exploriert werden, welche Vorkehrungen die Patienten treffen können, um Schmerzerlebnisse zu verhindern. Wenn die Möglichkeit der Wahl besteht, werden sich Patienten für eine geeignete Klinik

bzw. einen vertrauenswürdigen und behutsamen Zahnarzt entscheiden. Somit lässt sich auch über die Wahl der Praxis aktiv auf die Schmerzwahrscheinlichkeit Einfluss nehmen. Daneben wird auch besprochen, ob dem Patienten z. B. bei auftretendem Wundschmerz nach einer Behandlung Mittel zur Verfügung stehen, diesen zu reduzieren (z. B. indem er sich von seinem Zahnarzt ein wirksames Medikament verschreiben lässt).

Wenn dies nicht vom Patienten selbst angesprochen wird, kann der Therapeut daneben auf die durch das Training neu gewonnenen Ressourcen zur Angstbewältigung aufmerksam machen. Auch diese können dann Gegenstand hilfreicher Selbstverbalisationen werden (z. B. „Die Entspannung wird mir helfen meine Angst zu kontrollieren"; „Ich bin sehr gut vorbereitet" etc.). Die Konzentration und gedankliche Vorwegnahme positiver Veränderungen nach einer erfolgreichen Zahnbehandlung hat ebenfalls oft angstlindernde Wirkung (z. B. „Dann werde ich endlich wieder ohne Schmerzen etwas essen können, … unbeschwert lachen können" etc.).

Der Kasten zeigt beispielhaft die Sammlung hilfreicher Gedanken einer Patientin, die sich vor Kontrollverlust und Schmerzen fürchtete und der sowohl der Zustand ihrer Zähne als auch ihre Furchtreaktion im Behandlungsstuhl peinlich war.

Sammlung hilfreicher Gedanken

Beispiel einer in der Therapiesitzung formulierten Liste hilfreicher Gedanken

Vorbereitend:
- Ich werde mir eine Praxis aussuchen, in der ich mich wohlfühle.
- In einem Vorgespräch werde ich genau prüfen, ob mir der Zahnarzt sympathisch ist und ob er sich für mich Zeit nimmt.
- Ich spreche mit dem Arzt ab, dass wir eine Pause machen, sobald ich die Hand hebe.
- Ich sage ihm, dass mir wirklich wichtig ist, vor und während der Behandlung darüber informiert zu werden, was geschieht.

Während der Behandlung konzentriere ich mich auf folgende Gedanken:
- Ich bin sehr gut auf die Behandlung vorbereitet, da ich meiner Angst nun nicht mehr hilflos gegenüberstehe, sondern dagegen etwas unternehmen kann.
- Ich weiß, dass ich jederzeit eine Pause machen kann, wenn ich es nicht mehr aushalte.
- Der Arzt hat mir genau erklärt, was heute gemacht wird und wie lange es dauert. Das wird er auch während der Behandlung tun.

- Ich bin mit meiner Angst nicht alleine. Viele Patienten haben hier das gleiche Problem.
- Ich habe es hier mit Profis zu tun, die schon viel gesehen haben. Deshalb ist auch niemand überrascht oder angeekelt davon, wie meine Zähne aussehen.
- Der Arzt kennt sich gut mit meiner Angst aus und wird deshalb sehr vorsichtig mit mir umgehen.
- Schmerzen während einer Behandlung sind die Ausnahme und nicht die Regel.
- Wer zwei Kinder geboren hat, braucht sich nicht vor Zahnschmerzen zu fürchten.
- Wenn ich trotzdem nach der Behandlung Schmerzen haben werde, lasse ich mir ein wirksames Medikament aufschreiben.
- Wenn die Behandlung vorbei ist, werde ich endlich wieder ungezwungen lachen können.

Die Sammlung und schriftliche Fixierung individuell hilfreicher Gedanken überschreitet selten die Dauer von 30 Minuten. Es werden etwa vier oder fünf für den Patienten hilfreiche, bewältigungsorientierte Aussagen notiert, die das Stresserleben während der Behandlung reduzieren sollen.

Liste hilfreicher Gedanken wird zu Hause aufgehängt

Es wird den Patienten vermittelt, dass die Sammlung hilfreicher Selbstverbalisationen allein nicht ausreicht, um in der Furchtsituation angstlindernde Effekte hervorrufen. Stattdessen müssen sie regelrecht „trainiert" werden, um in Konkurrenz zu den angstmachenden Gedanken in der Behandlungssituation zu bestehen und dort auch präsent zu sein. Um die Gedanken zu internalisieren und den gewünschten Effekt zu erzielen, ist es deshalb wichtig, die Liste zu Hause möglichst oft durchzulesen und sich die Gedanken immer wieder zu vergegenwärtigen. Dies ist mit einem Minimum an Aufwand für den Patienten erreichbar, wenn die Liste an einem Ort in seiner Wohnung platziert wird, den er häufig aufsucht. Patient und Therapeut bestimmen daher einen geeigneten Ort, an dem die Liste deponiert wird.

Konfrontation in sensu und Einsatz der Coping-Strategien

Die letzten ca. 25 Minuten der zweiten Sitzung werden für die In-sensu-Exposition einer Zahnbehandlung verwandt. Sie hat zum Ziel, dass der Patient die Wirkung von Entspannungstechniken und Bewältigungsgedanken bei aufkommender Furcht direkt in der Zahnbehandlungssituation erleben und erproben kann.

Hierzu nehmen Patient und Therapeut gemeinsam zunächst überblicksartig eine Furchtbewertung der Behandlungssituation vor. Dabei werden die einzelnen Sequenzen einer Zahnbehandlung hinsichtlich ihrer Angsterzeugung grob eingeschätzt.

Beispiel einer situativen Furchtbewertung	
Abfolge	*Angsthöhe*
1. Ich mache einen Termin aus	20 %
2. Nächste Woche muss ich zur Behandlung	15 %
3. Heute Nachmittag muss ich zum Zahnarzt	25 %
4. Ich stehe vor der Praxis	40 %
5. Ich nehme im Wartezimmer Platz	80 %
6. Ich nehme im Behandlungsstuhl Platz	90 %
7. Ich werde im Stuhl heruntergelassen	90 %
8. Der Arzt nimmt die Narkosespritze zur Hand	100 %
9. Der Arzt nimmt den Bohrer zur Hand	100 %
10. Es wird an meinem Zahn gebohrt	100 %
11. Die Füllmasse wird am Zahn aufgebracht	30 %
12. Ich verlasse die Praxis	10 %

Diese Einschätzungen liefern dem Therapeuten Information darüber, in welchen Situationen bei den Patienten während der Vorstellungsübung Furchtreaktionen entstehen, die sie mit Hilfe der Coping-Strategien dann zu lindern lernen sollen. Die Vorstellung von Situationen, in denen die Furcht in der Realsituation mit > 80 % bewertet wird, erzeugt bei den meisten Patienten auch in sensu eine auf allen Erlebensebenen spürbare Furchtreaktion.

Einschätzung der subjektiven Angstreaktionen

Während der In-sensu-Exposition werden vom Therapeuten Entspannungsübungen und der Einsatz hilfreicher Gedanken vom Therapeuten initiiert und moderiert. Um eine möglichst realistische Vorstellung zu ermöglichen, sollte eine komplette Zahnbehandlung von Anfang (also z. B. dem Moment, in dem der Patient an der Praxis eintrifft) bis Ende (Patient verlässt nach erfolgreicher Behandlung die Praxis wieder) imaginiert werden, die sowohl Sequenzen mittlerer als auch maximaler Furcht beinhaltet. Bei hoch Angst erregenden Situationen, z. B. die Vorstellung der Füllung eines kariösen Zahnes wird manchmal von den Patienten überwältigende Furcht erlebt, sodass die eingesetzten Strategien keine lindernden Effekte erzielen und die Gefahr besteht, dass sie als wirkungslos erlebt werden. Aus diesem Grund werden auch Situationen von mittlerer Intensität zur Vorstellung vorgegeben.

Imagination einer kompletten Zahnbehandlung

Die gesamte Exposition wird vom Therapeuten moderiert. Dabei werden die Vorgänge während einer Zahnbehandlung möglichst detailgetreu und unter Einbezug aller erlebbaren Sinneseindrücke im Sinne eines Stimulus-Skripts erfahrbar machen. Eine weitere Aufgabe während der Übung besteht darin, die aus der Explorationsphase bekannten kognitiven und kör-

Einsatz der Coping-Strategien

perlichen Furchtsymptome im Sinne eines Response-Skripts in die sequenzielle Vorstellung der Zahnbehandlung einzuarbeiten und somit beim Patienten Furcht zu evozieren. Im Anschluss an die Furchtprovokation werden Entspannungstechniken und hilfreiche Selbstverbalisationen in die Vorstellung eingeflochten, um erlebte Furcht wieder zu reduzieren.

Hilfreiche Gedanken können über drei Wege generiert werden

Vor Übungsbeginn wird der Patient instruiert, die jeweiligen Entspannungsübungen während der In-sensu-Exposition durchzuführen und genau darauf zu achten, ob sich dadurch eine Reduktion der Furcht erzielen lässt, die während der Vorstellung der Zahnbehandlung intendiert ist und in der Regel entstehen wird. Zur Durchführung der Exposition nimmt der Patient in einem Entspannungsstuhl Platz. Dann entscheidet er, ob er für die Dauer der Übung die Augen schließen oder geöffnet lassen möchte. Daraufhin beginnt der Therapeut mit der Darstellung.

Der folgende Kasten zeigt beispielhaft Auszüge einer In-sensu-Exposition.

Beispiel einer In-sensu-Exposition im Rahmen des Kurz-Stress-Impfungstrainings

[…] Stellen Sie sich jetzt bitte vor, wie Sie am Gebäude der Praxis ankommen, Ihr Auto parken und die letzten paar Meter zu Fuß zur Praxis gehen. Sie merken wie schwer Ihnen jeder Schritt fällt, da Ihre Beine schon ziemlich verkrampft und angespannt sind. Sie denken: „Oh Mann, was kommt da wohl auf mich zu? Ich habe überhaupt keine Kontrolle darüber, was da gleich mit mir gemacht wird. Bestimmt wird es wehtun. Ich halte das nicht aus." Deutlich spüren Sie, wie bei den Gedanken an die bevorstehende Behandlung Ihr Herz schneller schlägt und Ihre Zunge am Gaumen klebt. Aber vielleicht ist genau diese Situation, kurz bevor Sie die Praxis betreten und bemerken, dass Sie wieder viele Angst machende Gedanken im Kopf haben, ein sehr guter Zeitpunkt, um Ihnen andere, hilfreiche Gedanken entgegenzusetzen. Deshalb denken Sie vielleicht: „Stopp! Ich darf nicht wieder den gleichen Fehler machen und mich nur darauf konzentrieren was schief laufen könnte. Ich bin auf die Behandlung heute sehr gut vorbereitet und kann etwas gegen meine Angst unternehmen. Außerdem kenne ich den Zahnarzt und habe ihm schon gesagt, worauf er während meiner Behandlung achten soll. Das wird er auch. Er ist sympathisch, sonst hätte ich ihn mir gar nicht erst ausgesucht und wird behutsam mit mir umgehen." Vielleicht gelingt es Ihnen jetzt die Praxis ein kleines bisschen ruhiger zu betreten. […]

Ihr Name wird aufgerufen und Sie werden gebeten, der Helferin in eines der Behandlungszimmer zu folgen. Die Tür wird geöffnet und Sie sehen den Behandlungsstuhl. Sofort schnürt sich Ihnen die Kehle zu. „Oh Gott. Jetzt kann es jeden Moment losgehen. Wenn ich da drin liege, komme ich nicht mehr heraus." Die Helferin bittet Sie, sich in den Stuhl zu setzen und dort auf den Arzt zu warten. Sie sehen sich im Raum um. Ein Blick aus dem Fenster, die Bilder an der Wand. Sie nehmen den typischen Geruch einer Zahnarztpraxis wahr. Sie spüren deutlich, wie sehr Sie bei dem Geruch verkrampfen. Und jetzt fällt auch noch Ihr Blick auf die Zahnbehandlungsutensilien, die vor Ihnen auf dem kleinen Ausziehtischchen schon bereit liegen. Sie sehen den Sichtspiegel, einen Mundspatel und dann fällt Ihr Blick auf den Kratzer zum Entfernen von Zahnstein mit der spitzen gebogenen Nadel vorne. Ihnen läuft ein kalter Schauer den Rücken herunter. „Das halte ich nicht aus. Wenn er damit mein Zahnfleisch trifft, werde ich totale Schmerzen haben und die Behandlung abbrechen müssen. Aber ich kann ja gar nichts sagen, weil ich den ganzen Mund voller Geräte habe. Das wird noch schlimmer als beim letzten Mal." Sie merken wie Ihr Hemd am Rücken klebt, so sehr schwitzen Sie. Ihr ganzer Körper ist vollkommen verkrampft und sie krallen ihre Hände ineinander. Aber vielleicht ist ja dieser Moment, in dem Sie alleine im Zahnbehandlungsstuhl sitzen und Ihre körperlichen Angstsymptome genau spüren können, eine gute Gelegenheit um einige Entspannungstechniken anzuwenden, die Sie gelernt haben, um die Symptome zu reduzieren. Konzentrieren Sie sich bitte hierzu einen Moment auf Ihre Atmung und achten Sie darauf, wie sich bei jedem Atemzug Ihre Bauchdecke hebt und wieder senkt. Achten Sie jetzt besonders darauf, möglichst lange und intensiv auszuatmen und möglichst viel Luft aus Ihrem Bauch herauszupressen. Machen Sie dies ein paar Mal und lassen Sie sich viel Zeit dabei. Nutzen Sie jetzt diese Gelegenheit, sich auf den Teil ihres Körpers zu konzentrieren, in dem Sie die Anspannung am stärksten spüren können und nehmen Sie diese Anspannung einen Moment lang genau wahr. Sagen Sie sich jetzt Ihr Entspannungswort und entspannen Sie jetzt dieses Körperteil genauso, wie Sie es in Ihren Übungen gemacht haben. Sie werden merken, dass es Ihnen gelingt, sich über diesen Weg in einen für Sie entspannteren Körperzustand zu versetzen.

Stellen Sie sich jetzt bitte vor, Arzt und Helferin betreten jetzt den Raum […].

Wie im Kasten beispielhaft dargestellt, wird die gesamte Zahnbehandlung in sensu imaginiert, wobei abwechselnd bei den Patienten ein Angstzustand evoziert wird, der dann mit hilfreichen Gedanken und Entspannungstechniken reduziert wird. Die Gesamtdauer der Übung beträgt etwa 20 Minuten.

Anschließend wird die Übung besprochen. Zunächst werden die Patienten gefragt, wie sie die Imagination erlebt haben. Erfahrungsgemäß gelingt es den meisten sehr gut, sich in die gefürchtete Situation hineinzuversetzen. Viele sind über die Lebhaftigkeit ihrer Vorstellung und die Heftigkeit dabei

Vorbereitung auf die In-sensu-Exposition

aufkommender Furchtsymptome überrascht. Dies wird vom Therapeuten mit dem Hinweis normalisiert, dass die Furchtentstehung ein beabsichtigter und wesentlicher Bestandteil der Übung darstellt. Eine kleine Anzahl von Patienten nimmt während der Vorstellung keine Furchtsymptome wahr. Dies kann an Personenmerkmalen liegen oder situative Gründe haben. Es gibt große interindividuelle Differenzen in der Fähigkeit zur bildhaft-räumlichen Vorstellung, außerdem kann bei einigen Patienten die gewählte Behandlung bzw. die Art und Form deren imaginativer Ausgestaltung nicht Furcht provozierend gewesen sein. Unabhängig von den Ursachen, auf die im individuellen Fall die fehlende Angst zurückzuführen ist, wird diesen Patienten vermittelt, dass auch die intensive gedankliche Beschäftigung mit der gefürchteten Situation, ohne gleichzeitiges Affekterleben, eine sinnvolle und Furcht reduzierende Übung darstellt. Immerhin wird dabei die Neuheit und Unsicherheit hinsichtlich der darauf folgenden Zahnbehandlung reduziert, da sich die Patienten bereits mit den Abläufen einer Zahnbehandlung vertraut gemacht haben.

Bei der Nachbesprechung der In-sensu-Konfrontation werden die Angstsymptome der Patienten eingehend exploriert und die Patienten aufgefordert, die bei der Übung erlebten Symptome genau zu analysieren. Wie genau hat sich Furcht gezeigt? Wann und während welcher Sequenz kam sie auf? Auf welche Weise war sie körperlich spürbar? Anschließend wird ebenso gründlich der Effekt der Coping-Strategien erfasst. Führten sie zur Linderung? Wie genau äußerte sich der Rückgang des Furchterlebens? Wurde der Effekt immer deutlich oder kam es nur in einigen Sequenzen zur Furchtreduktion? Warum wirkten die Strategien „im Wartezimmer", aber nicht „im Behandlungsstuhl"? Welche Strategie war besonders wirksam? Sehr viele Patienten berichten in den Phasen, in denen während der Übung die Coping – Strategien angewandt wurden, von einem deutlichen Rückgang ihrer Symptome.

Am Ende dieser Besprechung sollten die Patienten eine genaue Vorstellung davon haben, wie sich der Rückgang ihrer Furcht zeigt und sofern dies der Fall ist, über welche Strategie er am besten herbeizuführen ist. Die Patienten werden nochmals darauf hingewiesen, dass die Einübung dieser Strategien wesentlich ist, damit sie in der Furchtsituation auch eigenständig und ohne Unterstützung erfolgreich angewandt werden können.

Nachbesprechung und Hausaufgaben

Als Hausaufgabe bis zur nächsten Sitzung sollen die Patienten die Entspannung ohne Audiounterstützung und unter Zusammenfassung einzelner Muskelgruppen häufig üben. Darüber hinaus soll die Liste mit den hilfreichen Gedanken täglich durchgelesen werden. Des Weiteren sollen sich die Patienten zur Vorbereitung auf die nächste Sitzung wiederholt eine Zahnbehandlung vorstellen und dabei die bereits erlernten Strategien zum Einsatz bringen. Dazu dient als Orientierungshilfe die in der Sitzung durchgeführte Expositionsübung.

Sitzung 3 (etwa eine Woche später)

Erwerb von Entspannungstechniken

Zu Beginn der dritten Sitzung berichten die Patienten über ihre Erfahrungen mit den Entspannungsübungen. Jede häusliche Übung wird grundsätzlich durch den Therapeuten gelobt. Sofern es den Patienten gelungen ist, auch ohne CD-Unterstützung eine Muskelentspannung herbeizuführen und sie das Verfahren durch die Zusammenfassung von Muskelgruppen verkürzt und individualisiert haben, wird die „Entspannung in allen Lagen" eingeführt. Dabei soll sich der Anwender in einer Vielzahl von Situationen und möglichst ohne irgendwelcher Hilfen in einen entspannten Körperzustand versetzen. Um dies zu gewährleisten, wird mit den Patienten besprochen, das Verfahren nun auch in Situationen einzusetzen, die sie zunächst nicht mit Entspannung assoziieren, wie z.B. am Arbeitsplatz oder beim Einkaufen an der Schlange vor der Kasse. Außerdem sollten sie dabei versuchen, die Anspannungs- vor den Entspannungsinstruktionen wegzulassen, um eine weitere Ökonomisierung zu erreichen. Mit der Durchführung der Übung im Alltag wird die Möglichkeit einer willkürlich herbeigeführten Entspannung auf viele Situationen generalisiert und in Zukunft auch in Angst erregenden Situationen besser ermöglicht.

Furchterleben während der Exposition ist ein erwünschter und beabsichtigter Bestandteil der Übung

Allerdings hat unsere Erfahrung gezeigt, dass das Erreichen dieser letzten vorgesehenen Stufe des Entspannungstrainings nicht unbedingt notwendig ist, damit die Patienten in der Furchtsituation davon profitieren können. Meist werden in der Zahnbehandlungssituation bereits gute Erfolge berichtet, wenn zuvor intensiv mit der Entspannungs-CD gearbeitet (d. h. ca. 10 Anwendungen) und die Entspannung anschließend einige Male in individualisierter Form und ohne Audio-Unterstützung durchgeführt wurde.

In-sensu-Konfrontation und Einsatz von Coping-Strategien

Danach wird der Erfolg der zu Hause durchgeführten Imaginationsübungen besprochen. Kam bei der Vorstellung einer Zahnbehandlung Furcht auf? Ließ sie sich durch die Anwendung der Coping-Strategien reduzieren? Wenn ein Patient berichtet, während der Vorstellung einer Zahnbehandlung keine Furcht gespürt zu haben, werden die Gründe exploriert. Blieb sie aus, weil die Behandlung durch die vorherige Übung in der zweiten Therapiesitzung bereits ihren „Schrecken" verloren hatte, wird dies als Erfolg und Indiz für die Wirksamkeit der Intervention interpretiert. Ist die ausbleibende Furcht aber eher das Resultat einer, aufgrund noch bestehender Angst, oberflächlichen oder wenig detailreichen Imagination, wird dies vor dem Hintergrund kognitiver Vermeidung problematisiert. Dann wird mit dem Patienten besprochen, welche Modifikationen nötig sind, damit die Übung wie geplant durchgeführt werden kann. Neben Veränderungen des situativen Kontextes (z. B. Ort und Zeitpunkt der Durchführung, anwesende Personen etc.) kann auch die Art der Trainingsdurchführung geändert werden (z. B. können sehr furchterregende Szenen während der Vorstellung zunächst ausgespart und erst nach erfolgreichem Einsatz der Coping-Strategien in weniger angstvollen Momenten sukzessive angegangen werden). Letzteres ist auch eine geeignete Intervention, wenn ein Patient berichtet, bei der Vorstellung zwar Furcht gespürt zu haben, diese aber mit den zur Verfügung stehenden Strategien nicht kontrollieren konnte. Außerdem ist es in einem solchen Fall wichtig, nochmals auf die Wichtigkeit intensiven Trainings der „Entspannung in allen Lagen" und der weiteren Internalisierung hilfreicher Gedanken hinzuweisen.

In-vivo-Konfrontation und Einsatz von Coping-Strategien

Während der Filmbetrachtung erproben die Patienten selbstständig die Coping-Strategien

Nach der Besprechung der Hausaufgaben wird in der dritten Therapiesitzung ein Film einer Zahnbehandlung dargeboten. Dabei sollen die Patienten nochmals intensiv mit der zahnärztlichen Situation konfrontiert werden und dabei allein und weitgehend ohne therapeutische Hilfe die Coping-Verfahren in der Furchtsituation einzusetzen üben. Der Film ist aus der Kameraperspektive eines Patienten gedreht worden, wobei die Abläufe einer zahnärztlichen Standardbehandlung (Füllung eines kariösen Zahnes) genau nachvollzogen werden. Zu Beginn kommt der Patient an der Praxis an und die Formalitäten an der Rezeption werden erledigt. Anschließend hält er sich im Wartezimmer auf, bis er in einen Behandlungsraum geführt wird. Hier legt er sich in den Stuhl und schaut sich die Behandlungsinstrumente ausführlich an. Dann betreten Arzt und Helferin den Raum und die Behandlung beginnt. Der komplette Behandlungsvorgang, wahrgenommenen aus Patientenperspektive, wird bis zu dem Moment durchlaufen, an dem der Patient die Praxis verlässt. Die Patienten sehen sich den Film in kompletter Länge an (Dauer ca. 23 Minuten), ohne dass der Therapeut zwischenzeitlich interveniert.

Danach wird in der gleichen Weise wie nach der In-sensu-Übung der zweiten Sitzung und der häuslichen Imaginationsübungen auch die Filmbetrachtung hinsichtlich Entstehung und Bewältigung von Furcht analysiert. Häufig äußern Patienten, dass sie während der Filmbetrachtung weniger Furcht erlebt haben als während der In-sensu-Übung. Meist werden dafür zweierlei Gründe angegeben: Entweder hat die gefilmte Situation durch die häufige Auseinandersetzung mit dem Thema Zahnbehandlung bereits einen Teil ihres „Schreckens" verloren und wird nicht mehr als so neu und unheimlich eingeschätzt, oder das Bewusstsein, über wirksame Strategien zur Bekämpfung der Angst zu verfügen, hemmt bereits deren Entstehung.

Die Patienten werden befragt, ob und zu welchem Zeitpunkt sie Entspannungstechniken oder hilfreiche Gedanken während der Filmbetrachtung gegen aufkommende Anspannung oder Furcht eingesetzt haben. Die Anwendung der Strategien wird unabhängig von deren subjektiven Erfolg durch den Therapeuten verstärkt und als wichtiger Schritt auf dem Weg zu einer angstfreien Zahnbehandlung interpretiert. Außerdem wird mit den Patienten besprochen, welche Techniken sie persönlich mit dem größten Erfolg einsetzen und diese dann nochmals als „persönliche Waffen" gegen Angst bei der Zahnbehandlung hervorgehoben. Meist handelt es sich dabei um zwei bis drei hilfreiche Gedanken und die Entspannung von oftmals nur einer oder zwei Muskelgruppen oder die „einfache" Konzentration auf die Bauchatmung in besonders furchtsamen Momenten.

Mit den Patienten, die ihre Furcht nicht erfolgreich reduzieren konnten, wird anschließend „Ursachenforschung" betrieben. Für viele von ihnen war die Angst in einigen Situationen zu stark und subjektiv nicht kontrollierbar. (Dies scheint vor allem bei Patienten vorzukommen, deren Phobie z. B. in einer dem Film sehr ähnlichen Situation konditioniert wurde). In diesem Fall wird der „Misserfolg" als normal interpretiert und der Vorschlag gemacht, die Situation in häuslichen Übungen sequenziell zu zerlegen und die Techniken schrittweise zur Anwendung zu bringen, bis sich mit ihrer Hilfe die Furcht in allen Momenten der imaginierten Behandlung reduzieren lässt. Außerdem sollte nochmals auf die Wichtigkeit zur Übung und Internalisierung der Coping-Strategien hingewiesen werden, damit diese auch in schwierigen und Angst machenden Situationen zur Verfügung stehen.

Die Durchführung der häuslichen Entspannungsübungen sollte durch den Therapeuten verstärkt werden, nicht deren Ergebnis

Einsatz der erlernten Strategien in der Realsituation

Im Anschluss an die Nachbesprechung werden die Patienten gefragt, ob sie sich nun zutrauen, eine Zahnbehandlung durchführen zu lassen und die Intervention im Hinblick auf ihr Ziel als erfolgreich bewerten. Jene, die sich nun den Gang zum Zahnarzt zutrauen, werden informiert, die Terminvereinbarung so bald wie möglich vorzunehmen, damit sich die Angst nicht wieder aufbauen kann und die Strategien wieder „verblassen". Außerdem werden sie darauf hingewiesen, dass während der geplanten Zahnbehandlung Furcht aufkommen wird und diese normalerweise auch stärker ist, als während der durchgeführten Übungen. Die Strategien werden aber dennoch wirksam sein und die Patienten werden bei wiederholter erfolgreicher Anwendung in mehreren Zahnbehandlungen die Erfahrung machen, dass die Exposition der phobischen Situation immer weniger Furcht erzeugt.

Einige Patienten fühlen sich nach den drei Sitzungen noch nicht im Stande, sich einer Zahnbehandlung zu unterziehen und zweifeln daran, dass es ihnen gelingt, die Techniken in der gefürchteten Situation erfolgreich einzusetzen oder sie fordern weitere Übung. In diesen Fällen erweist es sich oft als

Booster-Sitzungen erst im Anschluss an Exposition zur zahnärztlichen Situation

hilfreich, den Patienten vorzuschlagen z. B. zunächst einen Termin für eine Zahnreinigung zu vereinbaren und dort die Wirksamkeit der Strategien zu erproben. Dieser Eingriff ist meist weniger Furcht evozierend, erfordert aber ebenfalls die Konfrontation mit der gefürchteten Situation. Über diesen „Umweg" gelingt es vielen Patienten, sich anschließend behandeln zu lassen. In einigen wenigen Fällen werden zusätzliche Psychotherapietermine vereinbart. Allerdings zeigten weiter oben vorgestellte Forschungsergebnisse, dass mehr Behandlungssitzungen meist nicht zu besseren Effekten führen (obwohl dies in Einzelfällen zutreffen könnte). Bei der Vereinbarung zusätzlicher Termine sollte der Möglichkeit der Förderung des Vermeidungsverhaltens der betreffenden Patienten Beachtung geschenkt werden. Deshalb wird mit diesen Patienten vereinbart, dass sie sich zunächst zu einem Informationsgespräch in die zahnärztliche Situation begeben, bevor weitere „Booster"-Sitzungen in Anspruch genommen werden.

Rückfallprophylaxe

Rückfalltendenz als normal darstellen

Die letzten Minuten der dritten Therapiesitzung sollten darauf verwendet werden, mit den Patienten Anzeichen und Frühsymptome eines drohenden „Rückfalls" zu erarbeiten und gemeinsam Strategien zu entwickeln, wie dieser verhindert werden kann. Dies kann z. B. vom Therapeuten mit dem Hinweis eingeleitet werden, dass es, besonders während einer längeren Behandlungspause oder nach einer als unangenehm oder schmerzhaft erlebten Behandlung, manchmal zu einem erneuten „Aufleben" der schon überwunden geglaubten Furcht kommen kann und dies keine Katastrophe darstellt.

In den meisten Fällen bemerken die Patienten, dass sich eine erneute Sensibilisierung ihrer Furchtreaktion durch beginnende kognitive oder verhaltensmäßige Vermeidung ankündigt. Wie wichtig es ist, besonders erneuten Vermeidenstendenzen vorzubeugen, kann z. B. mit den Patienten erarbeitet werden, indem die Erfahrungen der letzten Wochen und die intensive Beschäftigung mit dem Thema Zahnbehandlung gegen die Zeit kontrastiert wird, in der es den Patienten furchtbedingt nicht möglich war, Behandlungstermine zu vereinbaren oder sich auch nur gedanklich mit dem furchtbesetzten Thema auseinanderzusetzen.

Anschließend sollte mit den Patienten kurz erarbeitet werden, welche der erlernten Coping-Strategien ihnen individuell bei der Bewältigung ihrer Angst am meisten halfen. Diese werden schriftlich auf einem Kärtchen fixiert. Der Therapeut sollte darauf hinweisen, dass die Wirksamkeit dieser Strategien in regelmäßigen Abständen erprobt werden muss, um einen konstanten Furchtrückgang zu erzielen, was die meisten Patienten vor dem Hintergrund ihrer Erfahrungen zumeist gut nachvollziehen können.

Deshalb kann anschließend mit den Patienten besprochen werden, Zahnbehandlungs- oder Kontrolltermine vorbeugend zunächst sehr engmaschig d. h. alle 3 bis 6 Monate zu vereinbaren um zu gewährleisten, dass die Wirksamkeit der erlernten Strategien häufig erlebt wird und Bewältigungserfahrungen nicht in der Erinnerung verblassen. Besonders wichtig ist es, mit den Patienten ihr Verhalten nach unangenehmen Behandlungen zu besprechen, da anschließend eine besonders große Tendenz zur Vermeidung besteht. Diesbezüglich bietet sich z. B. an, die Patienten zu motivieren, ihren Partner oder eine Person ihres Vertrauens anzuweisen sie nach erfolgter Behandlung zu fragen, wie es ihnen geht und wie sie die Behandlung erlebt haben. Werden überwiegend negative Erlebnisse und Empfindungen geschildert, sollte unmittelbar und verpflichtend ein erneuter Termin vereinbart werden, dessen Einhaltung durch die beratende Person „überwacht" wird.

In einigen Fällen, kann es außerdem sinnvoll sein (z. B. bei einer großen Furcht vor zahnbehandlungspraxistypischen Gerüchen) die Patienten dazu zu motivieren in noch kürzeren Abständen auch zwischen den eigentlichen Behandlungsterminen ihre Zahnbehandlungspraxis aufzusuchen und sich dort für einige Zeit aufzuhalten um sich zu beweisen, dass sie es jederzeit schaffen, sich mit dieser Umgebung zu konfrontieren. Die meisten Zahnarztpraxen unterstützten diese „Besuche" ihrer vormals furchtsamen Patienten.

Regelmäßige Erprobung der Bewältigungsstrategien im phobierelevanten Kontext ist ein wichtiger Baustein der Rückfallprophylaxe

Die Konfrontation kann in vielen Fällen genauso in sensu erfolgen. Zum Beispiel erwies sich auch die regelmäßige Durchführung der oben vorgestellten In-sensu-Konfrontation unter gleichzeitigem Einsatz der Coping-Techniken als wirksamer Baustein der Rückfallprophylaxe, insbesondere für Patienten, die ihre physiologischen Furchtreaktionen in der Zahnbehandlungssituation als sehr überwältigend erleben.

7 Weiterführende Literatur

Jöhren, P. & Sartory, G. (2002). *Zahnbehandlungsangst, Zahnbehandlungsphobie.* Hannover: Schlüterer.
Mehrstedt, M. (2002). *Ohne Angst zum Zahnarzt. Selbsthilfe bei Ängsten vor der Zahnbehandlung.* Heidelberg: Asanger.

8 Literatur

Aartman, I., De Jongh, A., Maakes, P.C. & Hoogstraten, J. (2000). Dental anxiety reduction and dental attendance after treatment in a dental fear clinic: A follow-up study. *Community Dentistry and Oral Epidemiology, 28,* 435–442.

Agras, S., Sylvester, D. & Oliveau, D. (1969). The epidemiology of common fears and phobia. *Comprehensive Psychiatry, 10,* 151–156.

Armfield, J.M., Slade, G.D. & Spencer, A.J. (2008). Cognitive vulnerability and dental fear. *BMC Oral Health, 8,* 2.

Bandura, A. (1977). *Social learning theory.* Englewood Cliff, NJ: Prentice-Hall.

Barlow, D.H. (2002). *Anxiety and its disorders: The nature and treatment of anxiety and panic* (2nd ed.). New York: Guilford Press.

Baron, R.S. & Logan, H.L. (1993). Dental control, felt control and dental pain: Recent and remaining issues. *Motivation and Emotion, 17,* 181–204.

Beck, A.T., Steer, R.A. & Brown, G. (1985). *Cognitive therapy of depression.* New York: Guilford Press.

Becker, E.S. & Hoyer, J. (2005). *Generalisierte Angststörung* (Fortschritte der Psychotherapie, Band 25). Göttingen: Hogrefe.

Berggren, U., Hakeberg, M. & Carlsson, A.G. (2000). Relaxation vs. cognitively oriented therapies for dental fear. *Journal of Dental Research, 79,* 1645–1651.

Bernstein, D.A. & Kleinknecht R.A. (1982). Multiple approaches to the reduction of dental fear. *Journal of Behavior Therapy and Experimental Psychiatry, 13,* 278–292

Brunsman, B.A., Logan, H.L., Patil, R.R. & Baron, R.S. (2003). The development and validation of the Revised Iowa Dental Index (IDCI). *Personality and Individual Differences, 34,* 1113–1128.

Chiu, B. (1999). Multiple infections in carotid atherosclerotic plaques. *American Heart Journal, 138,* 534–536.

Coldwell, S.E., Wilhelm, F.H., Milgrom, P., Prall, C.W., Getz, T., Spadafora, A., Chiu, I., Leroux, B.G. & Ramsay, D.S. (2007). Combining alprazolam with systematic desensitization therapy for dental injection phobia. *Journal of Anxiety Disorders, 21,* 871–887.

Corah, N.L. (1969). Development of a dental anxiety scale. *Journal of Dental Research, 48,* 596–602.

Corah, N.L., Gale, E.N. & Illig, S.J. (1978). Assessment of a dental anxiety scale. *Journal of the American Dental Association, 97,* 816–819.

Cronin, A. (2009). Periodontal disease is a risk marker for coronary heart disease? *Journal of General Internal Medicine, 23,* 2079–2086.

De Jongh, A., Bongaarts, G., Vermeule, I., Visser, K., De Vos, P. & Makkes, P. (1998). Blood-injury-injection phobia and dental phobia. *Behaviour Research and Therapy, 36,* 971–982.

De Jongh, A., Muris, P., Schoenmakers, N. & Ter Horst, G. (1995a). Negative cognitions of dental phobics: Reliability and validity of the Dental Cognitions Questionnaire *Behaviour Research and Therapy, 33,* 507–515.

De Jongh, A., Muris, P., Ter Horst, G., Van Zuuren, F., Schoenmakers, N. & Makkes, P. (1995b). One-session cognitive treatment of dental phobia: Preparing dental phobics for treatment by restructuring negative cognitions. *Behaviour Research and Therapy, 33,* 947–954.

De Jongh, A. & Ter Horst, G. (1993). What do anxious patients think? An exploratory investigation of anxious dental patients' thoughts. *Community Dentistry and Oral Epidemiology, 21,* 221–223.

De Jongh, A., Burg, J. van der, Overmeir, M. van, Zuuren, F. J. & Aartman, I. van (2002). Trauma-related sequelae in individuals with a high level of dental anxiety. Does this interfere with treatment outcome? *Behaviour Research and Therapy, 40,* 1017–1029.

Dilling, H., Mombour, W. & Schmidt, M. H. (1991). *Internationale Klassifikation psychischer Störungen. ICD-10 Kapitel V (F).* Bern: Huber.

Ehlers, A. (1999). *Posttraumatische Belastungsstörung* (Fortschritte der Psychotherapie, Band 8). Göttingen: Hogrefe.

Enkling N., Marwinski, G. & Jöhren, P. (2006). Dental anxiety in a representative sample of residents of al large German city. *Clinical Oral Investigations, 10,* 84–91.

Fauchard, P. (1728). *Le chirurgien dentiste.* (T.1). Paris.

Fiset, L., Milgram, P., Weinstein, P. & Melnick, S. (1989). Common fears and their relationship to dental fear and untilization of the dentist. *Anasthesia Progress, 36* (6), 258–264.

Frederikson, M., Annas, P., Fischer, H. & Wik, G. (1996). Gender and age differences in the prevalence of specific fears and phobias. *Behaviour of Research and Therapy, 34,* 33–39.

Gerschman, J. A. (1989). Hypnotizability and dental phobic disorders. *Anesthesia Progress, 36,* 127–139.

Gow, M. A. (2006). Hypnosis with a blind 55-year-old female with dental phobia requiring periodontal treatment and extraction. *Contemporary Hypnosis, 23,* 92–100.

Hakeberg, M., Berggren, U. & Carlsson, S. G. (1990). A 10-year follow-up of patients treated for dental fear. *Scandinavian Journal of Dental Research, 98,* 53–59.

Hamm, A. (2006). *Spezifische Phobie* (Fortschritte der Psychotherapie, Band 27). Göttingen: Hogrefe.

Hammarstrand, G., Breggren, U. & Hakeberg, M. (1995). Psychophysiological therapy vs. hypnotherapy in the treatment of patients with dental phobia. *European Journal of Oral Sciences, 103,* 399–404.

Haukebo, K., Skaret, E., Öst, L. G., Raadal, M., Berg, E., Sundberg, H. et al. (2008). One- vs. five-session treatment of dental phobia: A randomized controlled study. *Journal of Behaviour Therapy and Experimental Psychiatry, 39,* 381–390.

Institut der Deutschen Zahnärzte (2006). *Vierte Deutsche Mundgesundheitsstudie (DMS IV).* Köln: Deutscher Zahnärzte Verlag.

Jöhren, P. (1999). Validierung eines Fragebogens zur Erkennung von Zahnbehandlungsangst. *Zahnärztliche Welt Reform, 108,* 775–778.

Jöhren, P. & Sartory, G. (2002). *Zahnbehandlungsangst, Zahnbehandlungsphobie.* Hannover: Schlüterer.

Kirkpatrick, D. R. (1984). Age, gender and patterns of common intense fears among adults. *Behaviour Research and Therapy, 22,* 141–150.

Kleinknecht, R. A., McCromick, C. E. & Thorndike, R. M. (1973). Stability of stated reinforcers as measured by the Reinforcement Survey Schedule. *Behavior Therapy, 4,* 407–413.

Kouyanou, K., Pither, C. E. & Wessely, S. (1997). Medication misuse, abuse and dependence in chronic pain patients. *Journal of Psychosomatic Research, 43,* 497–504.

Kvale, G., Berggren, U. & Milgrom, P. (2004). Dental fear in adults: A meta-analysis of behavioral interventions. *Community Dentistry and Oral Epidemiology, 32* (4), 250–264.

Liddell, A., Di Fazio, L., Blackwood, J. & Ackerman, C. (1994). Long-term follow-up of treated dental phobics. *Behaviour Research and Therapy, 32* (6), 605–610.

Liddell, A. & Locker, D. (1997). Gender and age differences in attitudes to dental pain and dental control. *Community Dentistry and Oral Epidemiology, 25,* 314–318.

Lipsitz, J. D., Fyer, A. J., Paterniti, A. & Klein, D. (2001). Emetophobia: Preliminary results of an internet survey. *Depression and Anxiety, 14,* 149–152.

Logan, H. L., Baron, R. S., Keeley, K., Law, A. & Stein, S. (1991). Desired control and felt control as mediators of stress in a dental setting. *Health Psychology, 10,* 352–359.

Lundgren, J., Carlsson, S. G. & Berggren, U. (2006). Relaxation versus cognitive therapies for dental fear – a psychophysiological approach. *Health Psychology, 35* (3), 267–273.

Margraf, J. (1994). *MINI-DIPS. Diagnostisches Kurz-Interview psychischer Störungen.* Berlin: Springer.

Meichenbaum, D. H. & Goodman, J. (1971). Training impulsive children to talk to themselves: A means of developing self-control. *Journal of Abnormal Psychology, 77,* 115–126.

Melamed, B. G., Haws, R. R., Heiby, E. & Glick, J. (1975). Use of filmed modeling to reduce uncooperative behavior of children during dental treatment. *Journal of Dental Research, 54,* 797–801.

Ning, L. & Liddell, A. (1991). The effect of concordance in the treatment of clients with dental anxiety. *Behavior Research and Therapy, 29,* 315–322.

Oosterink, F. M. D., De Jongh, A. & Aartman, I. (2008). What are people afraid of during dental treatment? Anxiety-provoking capacity of 67 stimuli characteristic of the dental setting. *European Journal of Oral Sciences, 116,* 44–51.

Oosterink, F. M. D., De Jongh, A. & Aartman, I. (2009b). Negative events and their potential risk of precipitating pathological forms of dental anxiety. *Journal of Anxiety Disorders, 23,* 451–457.

Oosterrink, F. M. D., De Jongh, A. & Hoogstraten, J. (2009a). Prevalence of dental fear and phobia relative to other fear and phobia subtypes. *European Journal of Oral Sciences, 117,* 135–143.

Öst, L. G. (1987). Age of onset in different phobias. *Journal of Abnormal Psychology, 96,* 223–229.

Öst, L. G. (1988). Applied relaxation vs. progressive relaxation in the treatment of panic disorder. *Behaviour Research and Therapy, 33,* 145–158.

Öst, L. G. (1989). One session treatment for specific phobias. *Behaviour Research and Therapy, 27,* 1–7.

Öst, L. G., Brandberg, M. & Alm, T. (1997). One versus five sessions of exposure in the treatment of flying phobia. *Behaviour Research and Therapy, 35,* 987–996.

Öst, L. G. & Hugdahl, K. (1981). Acquisition of phobias and anxiety response patterns in clinical patients. *Behaviour Research and Therapy, 19,* 439–447.

Öst, L. G., Sterner, U. & Lindahl, I. (1984). Physiological responses in blood phobics. *Behaviour Research and Therapy, 22,* 109–117.

Roy-Byrne, P. P., Milgrom, P., Khoon-Mei, T. & Weinstein, P. (1994). Psychopathology and psychiatric diagnosis in subjects with dental phobia. *Journal of Anxiety Disorders, 8,* 19–31.

Ruhmland, M. & Margraf, J. (2001). Effektivität psychologischer Therapien von spezifischer Phobie und Zwangsstörung: Meta-Analysen auf Störungsebene. *Verhaltenstherapie, 11,* 14–26.

Sachse, R. & Kröner, B. (1978). Self-control of anxiety: The meaning of relaxation, perception of anxiety and cognition. *Zeitschrift für Klinische Psychologie, 7,* 41–59.

Saletu, A., Gritsch, F., Gruber, G. & Anderer, P. (2002). Vergleichende Untersuchungen von Hypnose mit Hilfe einer CD versus Live-Hypnose in der zahnärztlichen Behandlung. *Hypnose und Kognition, 19,* 167–176.

Sartory, G. (1997). *Angststörungen: Theorien, Befunde, Diagnostik und Behandlung.* Darmstadt: Wissenschaftliche Buchgesellschaft.

Sartory, G., Eves, F. & Foa, E. (1987). Maintenance of within and between session habituation of cardiac responses to phobic stimulation. *Journal of Psychophysiology, 1,* 21–34.

Sartory, G., Heinen, R., Pundt, I. & Jöhren, P. (2006). Predictors of behavioral avoidance in dental phobia: The role of gender, dysfunctional cognitions and the need for control. *Anxiety, Stress, and Coping, 19* (3), 279–291.

Sartory, G., Heinen, R., Wannemüller, A., Lohrmann, T. & Jöhren, P. (2009). Die modulierte Schreckreaktion bei Zahnbehandlungsphobie. *Zeitschrift für Klinische Psychologie und Psychotherapie, 38,* 213–222.

Sartory, G., MacDonald, R. & Gray, J. A. (1990). Effects of diazepam on approach, self reported fear and psychophysiological responses in snake phobics. *Behaviour Research and Therapy, 28,* 273–282.

Saß, H., Wittchen, H. U., Zaudig, M., & Houben, I. (2003). *Diagnostisches und Statistisches Manual Psychischer Störungen – Textrevision* (DSM-IV-TR). Göttingen: Hogrefe.

Schmierer, A. (1990). Möglichkeiten der Hypnose für die zahnärztliche Praxis. *Zahnärztliche Praxis, 5,* 178–181.

Schmid-Leuz, B., Elsesser, K., Lohrmann, T., Jöhren, P. & Sartory, G. (2007). Attention focusing versus distraction during exposure in dental phobia. *Behaviour Research and Therapy, 45,* 2691–2703.

Schneider, S. & Margraf, J. (2006). *Diagnostisches Interview bei psychischen Störungen* (DIPS für DSM-IV-TR) (3., überarbeitete Aufl.). Berlin, Springer.

Sellner, J. (2009). Flugkatastrophe. Airbus Unglück verunsichert Passagiere. *Stuttgarter Nachrichten, online.* Zugriff am 12. Juni 2009 unter http://www.stuttgarter-nachrichten.de/stn/page/2052974_0_9331_-flug-katastrophe-airbus-ungluek-verunsichert-passagiere.html.

Solomon, Z., Mikulincer, M. & Benbenishty, R. (1989). Locus of control and combat-related post-traumatic stress disorder: The intervening role of battle intensity, threat appraisal and coping. *British Journal of Clinical Psychology, 28,* 131–144.

Stangier, U., Clark, D. M. & Ehlers, A. (2006). *Soziale Phobie* (Fortschritte der Psychotherapie, Band 28). Göttingen: Hogrefe.

Suinn, R. M. & Richardson, F. (1971). Anxiety management training: A nonspecific behavior therapy program for anxiety control. *Behavior Therapy, 2,* 498–510.

Thom, A. & Sartory, G. (2000). Comparison between one-session psychological treatment and benzodiazepine in dental phobia. *Journal of Consulting and Clinical Psychology, 68,* 378–387.

Tönnies, S., Mehrstedt, M. & Eisentraut, I. (2002). Die Dental Anxiety Scale (DAS) und das Dental Fear Survey (DFS) – Zwei Messinstrumente zur Erfassung von Zahnbehandlungsängsten. *Zeitschrift für Medizinische Psychologie, 11,* 63–72.

Vaitl, D. & Petermann, F. (Hrsg.). (2000). *Handbuch der Entspannungsverfahren. Band 1: Grundlagen und Methoden*, (2. Aufl.). Weinheim: Psychologie Verlags Union.

Vassend, O. (1993). Anxiety, pain and discomfort associated with dental treatment. *Behaviour Research and Therapy, 31,* 659–666.

Wannemüller, A., Jöhren, P., Haug, S., Hatting, M., Elsesser, K. & Sartory, G. (eingereicht). A field study comparing brief cognitive behavioural treatment, two kinds of hypnoses and general anaesthesia in dental phobia.

Wilhelm, F. H. & Roth, W. T. (1997). Acute and delayed effects of alprazolam on flight phobics during exposure. *Behaviour Research and Therapy, 35,* 831–841.

9 Anhang

Dental Anxiety Scale (DAS)[1]

1. Stellen Sie sich vor, Sie müssen morgen zum Zahnarzt, wie fühlen Sie sich?

a) Ich betrachte es als eine relativ erfreuliche Begegnung.
b) Es macht mir nichts aus.
c) Mir ist ein wenig unbehaglich zumute.
d) Ich befürchte, dass es unangenehm und schmerzhaft werden könnte.
e) Ich habe starke Angst und bin sehr besorgt, was der Zahnarzt wohl mit mir anstellen wird.

2. Stellen Sie sich vor, Sie sitzen beim Zahnarzt im Wartezimmer, wie fühlen Sie sich?

a) entspannt
b) ein wenig unbehaglich
c) angespannt
d) ängstlich
e) so ängstlich, dass ich Schweißausbrüche bekomme und mich regelrecht krank fühle

3. Stellen Sie sich vor, Sie sitzen im Behandlungsstuhl. Der Zahnarzt bereitet den Bohrer vor, um damit an Ihren Zähnen zu arbeiten. Wie fühlen Sie sich?

a) entspannt
b) ein wenig unbehaglich
c) angespannt
d) ängstlich
e) so ängstlich, dass ich Schweißausbrüche bekomme und mich regelrecht krank fühle

4. Stellen Sie sich vor, Sie sitzen im Behandlungsstuhl, um Ihre Zähne reinigen zu lassen. Der Zahnarzt stellt die Instrumente zum Bearbeiten der Zähne und des Zahnfleischs zusammen. Wie fühlen Sie sich?

a) entspannt
b) ein wenig unbehaglich
c) angespannt
d) ängstlich
e) so ängstlich, dass ich Schweißausbrüche bekomme und mich regelrecht krank fühle

1 © Corah (1969); dt. Übersetzung: Sartory und Wannemüller

Dental Cognitions Questionnaire (DCQ)[2]

Geben Sie bitte für jede der folgenden Aussagen an, ob sie für Sie zutrifft (ja oder nein). Schätzen Sie bitte ein, wie überzeugt Sie von der jeweiligen Aussage im Moment sind. Geben Sie bitte einen Prozentwert zwischen 0% und 100% an. (0% = „Ich glaube absolut nicht an diese Aussage" bis 100% = „Ich bin völlig überzeugt von dieser Aussage").

Wenn mir in Kürze eine zahnärztliche Behandlung bevorsteht, dann denke ich ... Ja   Nein   0 bis 100%

1. Zahnärzte tun, was sie wollen. .... ☐ ☐ _____
2. Zahnärzte sind oft ungeduldig. .... ☐ ☐ _____
3. Dem Zahnarzt ist egal, wenn es wehtut. ...... ☐ ☐ _____
4. Zahnärzte verstehen mich nicht. .... ☐ ☐ _____
5. Zahnärzte sind oft unfähig. .... ☐ ☐ _____
6. Zahnärzte denken, ich benehme mich kindisch. ☐ ☐ _____
7. Zahnbehandlungen misslingen oft. .... ☐ ☐ _____
8. Meine Zähne können nicht gerettet werden. ... ☐ ☐ _____
9. Ich sollte mich meiner Zähne schämen. ...... ☐ ☐ _____
10. Meine Zähne könnten auseinanderbrechen. ... ☐ ☐ _____
11. Ich kann Schmerzen nicht aushalten. .... ☐ ☐ _____
12. Ich bin ein angespannter Mensch. .... ☐ ☐ _____
13. Ich bin ein schwieriger Mensch. .... ☐ ☐ _____
14. Ich habe besonders lange Wurzeln. .... ☐ ☐ _____

Während der Behandlung denke ich ... Ja   Nein   0 bis 100%

15. Alles geht schief. .... ☐ ☐ _____
16. Die Behandlung wird wehtun. .... ☐ ☐ _____
17. Meine Zähne werden auseinanderbrechen. .... ☐ ☐ _____
18. Irgendetwas wird sicher schiefgehen. .... ☐ ☐ _____
19. Es läuft nie reibungslos. .... ☐ ☐ _____
20. Ich bin hilflos. .... ☐ ☐ _____
21. Ich habe mich nicht unter Kontrolle. .... ☐ ☐ _____
22. Ich kann nicht flüchten, ich bin eingesperrt. ... ☐ ☐ _____
23. Betäubungsmittel wirken oft nicht. .... ☐ ☐ _____
24. Das Geräusch des Bohrers macht mir Angst. ... ☐ ☐ _____
25. Der Zahnarzt wird in meine Zunge, Zahnfleisch oder Wange bohren. .... ☐ ☐ _____

[2] © De Jongh et al., 1995a; dt. Übersetzung: Sartory und Wannemüller

Während der Behandlung denke ich …	Ja	Nein	0 bis 100 %
26. Er wird den Nerv treffen.	☐	☐	_____
27. Ich habe keine Kontrolle über das, was passiert.	☐	☐	_____
28. Ich werde während der Behandlung sterben.	☐	☐	_____
29. Ich werde in Panik geraten.	☐	☐	_____
30. Ich werde ohnmächtig werden.	☐	☐	_____
31. Ich werde ersticken.	☐	☐	_____
32. Ich kann die Behandlung nicht lange aushalten.	☐	☐	_____
33. Ich werde nachher sicher Schmerzen haben.	☐	☐	_____
34. Die Füllung wird sicher herausfallen und muss erneuert werden.	☐	☐	_____
35. Die Behandlung läuft schief.	☐	☐	_____
36. Mir wird schlecht.	☐	☐	_____
37. Der Zahnarzt wird die Kontrolle über den Bohrer verlieren.	☐	☐	_____
38. Der Zahnarzt glaubt, dass ich ein schwieriger Patient bin und mich kindisch benehme.	☐	☐	_____

Iowa Dental Control Index – Revised (IDCI-R)[3]

1. In welchem Ausmaß sind Sie betroffen darüber, dass es Ihnen nicht möglich ist, etwas zu verhindern, das Ihnen Schmerzen bereiten könnte?

   Gar nicht betroffen ☐------☐------☐------☐------☐ sehr betroffen

2. In welchem Ausmaß würden Sie gerne Kontrolle haben über das, was mit Ihnen im Zahnarztstuhl passiert?

   Gar keine Kontrolle ☐------☐------☐------☐------☐ totale Kontrolle

3. Wie viel Kontrolle hätten Sie gerne über das Geschehen während Ihrer Zahnbehandlung?

   Gar keine Kontrolle ☐------☐------☐------☐------☐ totale Kontrolle

4. Glauben Sie, dass Sie Kontrolle haben über das, was mit Ihnen während einer Zahnbehandlung passiert?

   Gar keine Kontrolle ☐------☐------☐------☐------☐ totale Kontrolle

5. Wieweit glauben Sie, kontrollieren zu können, was mit Ihnen im Zahnarztstuhl passiert?

   Gar keine Kontrolle ☐------☐------☐------☐------☐ totale Kontrolle

6. Wie viel Kontrolle würden Sie im Allgemeinen gerne über das, was während einer Zahnbehandlung passiert, haben?

   Gar keine Kontrolle ☐------☐------☐------☐------☐ totale Kontrolle

7. Wie viel Kontrolle erleben Sie im Allgemeinen während einer Zahnbehandlung?

   Gar keine Kontrolle ☐------☐------☐------☐------☐ totale Kontrolle

8. Wie viel Kontrolle möchten Sie gerne über Ihre negativen Gedanken während einer Zahnbehandlung haben?

   Gar keine Kontrolle ☐------☐------☐------☐------☐ totale Kontrolle

9. Wieweit glauben Sie, Ihre negativen Gedanken während einer Zahnbehandlung kontrollieren zu können?

   Gar keine Kontrolle ☐------☐------☐------☐------☐ totale Kontrolle

3 © Brunsman et al. (2003); dt. Übersetzung: Sartory und Wannemüller

Hierarchischer Angstfragebogen (HAF)[4]

1. Wie fühlen Sie sich bei dem Gedanken, Sie müssten morgen zum Zahnarzt?
   ☐ entspannt ☐ unruhig ☐ angespannt ☐ ängstlich ☐ krank vor Angst

2. Sie sitzen im Wartezimmer und warten darauf, aufgerufen zu werden. Wie fühlen Sie sich?
   ☐ entspannt ☐ unruhig ☐ angespannt ☐ ängstlich ☐ krank vor Angst

3. Stellen Sie sich vor, Sie betreten das Behandlungszimmer und riechen den typischen Geruch. Wie fühlen Sie sich?
   ☐ entspannt ☐ unruhig ☐ angespannt ☐ ängstlich ☐ krank vor Angst

4. Sie liegen auf dem Behandlungsstuhl und der Zahnarzt betritt das Zimmer. Wie fühlen Sie sich?
   ☐ entspannt ☐ unruhig ☐ angespannt ☐ ängstlich ☐ krank vor Angst

5. Sie schauen sich zusammen die Röntgenaufnahmen an und besprechen, was zu tun ist. Wie fühlen Sie sich?
   ☐ entspannt ☐ unruhig ☐ angespannt ☐ ängstlich ☐ krank vor Angst

6. Wie fühlen Sie sich, wenn man Ihnen erklärt, dass jetzt gleich Zahnstein entfernt wird?
   ☐ entspannt ☐ unruhig ☐ angespannt ☐ ängstlich ☐ krank vor Angst

7. Er erklärt Ihnen, dass Sie eine Karies haben und dass er diese jetzt behandeln will. Wie fühlen Sie sich?
   ☐ entspannt ☐ unruhig ☐ angespannt ☐ ängstlich ☐ krank vor Angst

8. Er verändert die Stellung des Stuhles und bereitete eine Spritze vor. Wie fühlen Sie sich?
   ☐ entspannt ☐ unruhig ☐ angespannt ☐ ängstlich ☐ krank vor Angst

9. Stellen Sie sich vor, Sie hören das typische Geräusch eines Bohrers. Wie fühlen Sie sich?
   ☐ entspannt ☐ unruhig ☐ angespannt ☐ ängstlich ☐ krank vor Angst

10. Der Zahnarzt erklärt Ihnen, dass die Karies zu tief ist und der Zahn entfernt werden muss. Wie fühlen Sie sich?
    ☐ entspannt ☐ unruhig ☐ angespannt ☐ ängstlich ☐ krank vor Angst

11. Ein Weisheitszahn soll bei Ihnen entfernt werden, die Spritze wurde bereits gesetzt. Der Zahnarzt nimmt das Skalpell auf. Wie fühlen Sie sich?
    ☐ entspannt ☐ unruhig ☐ angespannt ☐ ängstlich ☐ krank vor Angst

4 © Jöhren (1999)

Sigrun Schmidt-Traub

Panikstörung und Agoraphobie

Ein Therapiemanual

(Reihe: »Therapeutische Praxis«)
3., vollständig überarbeitete Auflage 2008, 167 Seiten, Großformat, inkl. CD-ROM,
€ 34,95 / sFr. 59,–
ISBN 978-3-8017-2156-5

Panikstörung und Agoraphobie gehören zu den häufigsten psychischen Störungen. Die vollständige Neubearbeitung des Manuals erläutert das verhaltenstherapeutisch orientierte Vorgehen bei der Kurzzeitbehandlung von Angstpatienten. Der Leitfaden hat sich sowohl in der Einzel- als auch in der Gruppentherapie bewährt und eignet sich besonders gut für eine Kombination der beiden Therapieformen.

John P. Forsyth · Georg H. Eifert

Mit Ängsten und Sorgen erfolgreich umgehen

Ein Ratgeber für den achtsamen Weg in ein erfülltes Leben mit Hilfe von ACT

2010, 245 Seiten, inkl. CD-ROM,
€ 24,95 / sFr. 42,–
ISBN 978-3-8017-2249-4

Der Ratgeber bietet verständliche Informationen zur Entstehung einer generalisierten Angststörung. Er zeigt auf, in welchen Varianten sich diese Angststörung äußert, mit welchen anderen Störungen sie häufig gemeinsam auftritt und vor allem, wie die Störung in den Griff zu bekommen ist. Zahlreiche Beispiele, Übungen und Arbeitsblätter unterstützen die aufgezeigten Wege zur Selbsthilfe.

Nina Heinrichs

Ratgeber Panikstörung und Agoraphobie

Informationen für Betroffene und Angehörige

(Ratgeber zur Reihe »Fortschritte der Psychotherapie«, Band 14)
2007, 108 Seiten, Kleinformat,
€ 12,95 / sFr. 20,90
ISBN 978-3-8017-1986-9

Der Ratgeber befasst sich zunächst mit der Frage, was Angst eigentlich ist und worin sich Angst und Panik unterscheiden. Mit Hilfe zahlreicher Arbeitsblätter und Übungen lernen Betroffene ihre eigenen Empfindungen zu verstehen, sich mit ihren beängstigenden Gedanken auseinanderzusetzen und ihr Verhalten zu ändern. Außerdem erhalten Angehörige Hinweise, wie sie Betroffene bei der Bewältigung ihrer Ängste unterstützen können.

Eberhardt Hofmann

Progressive Muskelentspannung

Entspannungs-CD

2005, Doppel-CD,
€ 19,95 / sFr. 34,90
ISBN 978-3-8017-1918-0

Für das psychische und physische Wohlbefinden ist es wichtig, sich im Alltag Ruhe- und Entspannungsmomente zu errichten. Progressive Muskelentspannung (PME) besteht aus Übungen zur muskulären An- und Entspannung. PME ist leicht erlernbar. Die CDs enthalten Instruktionen mit verschiedenen Entspannungsübungen, die selbstständig zu Hause durchgeführt werden können.

www.hogrefe.de

HOGREFE

Hogrefe Verlag GmbH & Co. KG
Rohnsweg 25 · 37085 Göttingen · Tel: (0551) 49609-0 · Fax: -88
E-Mail: verlag@hogrefe.de · Internet: www.hogrefe.de

Alfons Hamm

Spezifische Phobien

(Reihe: »Fortschritte der
Psychotherapie«, Band 27)
2006, VI/75 Seiten,
€ 19,95 / sFr. 32,–
(Im Reihenabonnement
€ 15,95 / sFr. 25,80)
ISBN 978-3-8017-1612-7

Das Buch gibt einen Überblick über die verschiedenen Subtypen von Spezifischen Phobien. Neben der Diagnostik wird v.a. die Behandlung der unterschiedlichen Formen von Spezifischen Phobien praxisorientiert beschrieben. Der Schwerpunkt liegt dabei auf der Darstellung des Vorgehens bei der Expositionsbehandlung. Zudem werden wichtige Aspekte zur Gestaltung der therapeutischen Beziehung bei der Anwendung dieser für die Patienten oft belastenden Behandlungsmethode dargestellt.

Ulrich Stangier
David M. Clark · Anke Ehlers

Soziale Phobie

(Reihe: »Fortschritte der
Psychotherapie«, Band 28)
2006, VII/109 Seiten,
€ 19,95 / sFr. 32,–
(Im Reihenabonnement
€ 15,95 / sFr. 25,80)
ISBN 978-3-8017-1102-3

Der Band liefert aktuelle Hinweise zu den Ursachen, zur Diagnostik und Therapie der Sozialen Phobie. Vorgestellt werden die wichtigsten kognitiven, lerntheoretischen und neurobiologischen Störungskonzepte. Einen besonderen Schwerpunkt des Bandes bildet die Beschreibung des Vorgehens bei der kognitiven Therapie. Zentrale Elemente des Behandlungsansatzes sind die gezielte Veränderung von ungünstigen Aufmerksamkeitsprozessen, Vorstellungen und Sicherheitsverhalten in Verhaltensexperimenten.

Eni S. Becker · Jürgen Hoyer

Generalisierte Angststörung

(Reihe: »Fortschritte der
Psychotherapie«, Band 25)
2005, VII/97 Seiten,
€ 19,95 / sFr. 34,90
(Im Reihenabonnement
€ 15,95 / sFr. 28,50)
ISBN 978-3-8017-1426-0

Diagnostik und Behandlung der Generalisierten Angststörung gelten nach wie vor als schwierig, umso wichtiger ist es, die neuen Modelle und die neuen Behandlungsmöglichkeiten bei dieser Störung kennen zu lernen. Der Band liefert eine praxisnahe Darstellung des diagnostischen Vorgehens bei der Generalisierten Angststörung und zeigt aktuelle kognitiv-verhaltenstherapeutische Ansätze auf, die spezifisch für dieses Störungsbild entwickelt wurden: Sorgenexposition, kognitive Therapie nach Wells und Angewandte Entspannung.

Anke Ehlers

Posttraumatische Belastungsstörung

(Reihe: »Fortschritte der
Psychotherapie«, Band 8)
1999, VII/99 Seiten,
€ 19,95 / sFr. 35,90
(Im Reihenabonnement
€ 15,95 / sFr. 26,80)
ISBN 978-3-8017-0797-2

Das Buch gibt praktische Hinweise für die Diagnosestellung und Therapieplanung bei Posttraumatischer Belastungsstörung. Die Durchführung der Behandlung wird ausführlich und praxisorientiert erläutert. Zahlreiche Beispiele veranschaulichen die einzelnen Elemente der Therapie.

www.hogrefe.de

HOGREFE

Hogrefe Verlag GmbH & Co. KG
Rohnsweg 25 · 37085 Göttingen · Tel: (0551) 49609-0 · Fax: -88
E-Mail: verlag@hogrefe.de · Internet: www.hogrefe.de